おかえり

福岡晃子

随筆集　おかえり　目次

装画　今日マチ子
装釘　藤原康二
題字　福岡晃子

随筆集

おかえり

おかえり

わたしの名前はなつみになるはずだった。

子どもの頃、誰しも一度は気になって自分の名前の由来を問う機会があるだろう。御多分にもれず、物心ついた頃わたしも自身の名の由来を両親に尋ねたのだが、そこで衝撃の事実を知ることになる。

出生届を出す間際になって、書道家であり名前の画数にうるさい父方の大叔父の

「なつみは字面が良くない。晃子《あきこ》の方が画数もええわ」

という鶴の一声で急遽《きゅうきょ》、晃子に変更になったそうだ。

自分の名前が両親の発案ではないと知り、幼心になんだか複雑な気持ち

になったのをよく覚えている。本当の由来を知ってしまったがために、わたしは自分の名前にさほど愛着を持てないまま、すくすくと育っていった。

小学校に上がると、自分の苗字も気に入らなくなっていった。その理由は父親にある。

当時、父は小学校の教員をしていた。頼まれたことは大体引き受けてしまう性格で、様々な役員や部活の顧問など、種々の業務に携わっていた。それ故《ゆえ》なのか、はたまた教育方針が一風変わっていたからなのか、父は徳島県内の学校関係者の中ではちょっとした有名人だった。

「福岡先生にはいつもお世話になっとうよ」

「福岡先生にくれぐれもよろしく言うといてな」

同じ学校にはいないのに、父はわたしの通う学校の先生にも広く知られる存在だった。福岡という苗字のせいで、すぐに父親と結び付けられてしまう。父のことは嫌いではなかったけれど、思春期故に煩《わずら》わしいと思ってしまうことが幾度もあった。

　わたしが所属するバンドのメジャーデビューが決まった頃、そのまま本名でいくか、芸名で活動するかの選択を迫られた。今なら迷わず芸名を名乗ることを選ぶが、当時のわたしは本名でデビューしない理由がわからなかった。

　デビューしてから自分のフルネームを何千回唱えただろう。ラジオやネット動画でのコメント、テレビでの自己紹介、ライブでのＭＣ……。

「みなさんこんにちは、チャットモンチーです。ベースの福岡晃子です」

最初の「み」の音を発しただけで最後の「晃子です」までの口の動きが自然とできるぐらい、口にタコができるぐらい、言い慣れた台詞《せりふ》になっていた。わたしが何千回も言ったのだから、福岡晃子という名を耳にした人はきっと何万人もいたのだと思う。

バンドのボーカルでもないのに銀行で福岡晃子と名前を書くだけで「娘がファンなんです！」と窓口のお姐《ねえ》さんに言われることもしばしばあった。今ならそれを、素直にありがたいと思うことができる。けれども当時のわたしは、なんだか少しも悪いことができないし、行動範囲がどんどん狭まっていく気がして、ますます自分の名前に愛情が持てなくなっていった。冷めていく愛情とは裏腹に、わたしの本名は一層世間に広まっていった。それは全てバンドのおかげだったこともあり、いつしか自分の本名がバンドで活動するための芸名とさえ錯覚するようになっていた。

その意識は二〇一八年にバンド完結を迎えた後もしばらく消えることはなかった。

二〇二〇年、出産とコロナ禍が重なったタイミングで、長年住んだ東京を離れ、出身地である徳島に拠点を構えることを決めた。わたしが選んだ場所は、同じ徳島でも知り合いが一人もいない県南の海辺の町。徳島出身とはいえ、知り合いが一人もいなければ帰ってきたという感覚はすっかり薄れる。

住み始めて五ヶ月が経った頃、同じ町に暮らす同世代の家族数組と出会った。

彼らと仲良くなるのに時間はほとんど必要なかった。知り合って一ヶ月経つ頃には、二十年来の幼馴染、もしくは同じ釜の飯を食った高校の野球部の仲間、いや、たぶん江戸時代の長屋のお隣同士ぐらいには仲良くなっていた。

これを記している今現在では、約束なしにご近所家族の家にいきなり突撃して、晩ご飯を食べて帰ってもなんの不自然さもないぐらいの一体感ができている。人間同士の波長というのは、海の広さよりも計り知れないものだ。

彼らは田舎暮らしと都会暮らしのハイブリッドのような生活をしている。旬の野菜と頂き物のお菓子との物々交換。子どものお下がりのおもちゃや制服の譲り受け。釣ってきた魚を庭先で捌《さば》き、そのままご近所に振る舞う。そんなふうに、のびのびとした田舎町ならではの暮らし方をしているかと思えば、大阪にエド・シーランのライブを観に行ったり、頻繁に神戸のコストコに行ったり、月に一度高級フレンチを食べに行ったり、美味しいワインをお取り寄せしてみんなで飲み明かしたりしている。なんというか、一度しかない人生を謳歌《おうか》しているのだ。

わたしの素性を知っても、彼らの姿勢はひとつも変わらなかった。興味がないわけでもないが、そこは重要ではないといった様子だった。バンド時代の活動を前提にしない世界が、わたしにはとても新鮮で心地よく、新しい人生が始まったと思った。

バンドを通じてわたしの名を知った人たちはあっこちゃんやあっこびん

と親しみを込めて呼んでくれる。みんなが知っているあっこちゃんは、バンドではマネージャー的な役割を担い、とにかく一日二十四時間全てをバンドに捧げていた。多くの人の目には〈ベースやドラムを暴力的に演奏する、金髪で派手な服装の人〉と映っていたのではないかと想像する。

今わたしはご近所さんからあきこと呼ばれている。毎朝ボサボサの髪で洗濯物を干しながらみんなの出勤を見送り、いきなり家に行ってコーヒーを勝手によばれ、家ではご飯を夫に作らせ、時々古民家で爆音を響かせながら音楽を作っている、大体毎日暇そうなやつ。今のご近所さんからは、概ねそんな印象を持たれているのではないかと思う。

自分で言うのもなんだけれど、前の人生のあっこちゃんのイメージとは雲泥の差だろう。でもこの泥はミネラルたっぷりの、わたしを元気にしてくれる温かく心地の良い泥だった。この町に越して来なかったら、今頃わたしは都会のアスファルトの上で干からびていたかもしれない。

「あきこはあきこやしなー。チャットモンチーって言われてもピンとこんわ」

生まれて四十年近く経って、自身の名がようやく自分の元に帰ってきた。よくぞ生きて戻って来たなとあきこに言いたい。

これまで何度か姓名判断をしてもらったことがあるが、大叔父の言う通り、福岡晃子という名は相当な強運のようだ。

大伯父さま、あなたのおかげでわたしは何度も人生を謳歌しています。

神様の通信簿

小学校一年生から五年生まで、通信簿はほとんどの教科で三段階中の三をもらっていた。

勉強が嫌いじゃなかったし、なにに対しても好奇心旺盛。体操教室に通っていたからバク転もできたし、手先も割と器用な方で図画工作が大好きだった。なんでもそこそこできる、器用貧乏の典型。大人になってからはそれがコンプレックスになるのだけれど、幼いうちは優等生に見られることに少しだけ酔っていた。

通信簿という存在はわたしにとってご褒美のようなもので、嫌な思い出なんてひとつもない人生だった。あの日が訪れるまでは。

わたしの父は小学校の教員だった。親子で同じ学校に在校することはなかったが、父が教員だということはわたしの通う学校内でも周知の事実だった。

四年生から入っていたミニバスケットクラブでは万年補欠組だったわたしが、ほんの一時期だけ練習に熱が入り（たぶん『スラムダンク』の影響が大きい）青春よろしく猛特訓したおかげでベンチ入りを果たしたことがあった。しかしチームメイトから

「お父さんが学校の先生だとコネが効いていいね」

と言われ、なんだか急につまらなくなってそのままバスケを辞めてしまった。

また、教育熱心な母の計らいもあり、放課後は習い事に明け暮れていた。学習塾、習字、そろばん、英語、ピアノ、水泳、体操……。小学生の習い事ランキング十位以内に入るものは一通りやったかもしれない。

後にバンドで食っていく覚悟を告げた時、母は
「今まで習い事で払った月謝はドブに捨てたようなもんだ」

と大いに嘆いていた。

中でも学習塾は、四年生から六年生までの三年間、ずっと通い続けていた。その塾は難関中学校合格を目標に掲げていて、夏休みもお弁当持参で朝から晩までみっちり勉強の毎日。定期的に塾オリジナルの実力テストが行われ、その成績で席順が決まるという悍《おぞ》ましいシステムだった。

当然その席順は、子どもを迎えに来る保護者たちの目に晒《さら》されることになる。テストが行われるたび、最前列と最後列に座る子どもが親たちの好奇の的となっていたことは間違いなかった。問題が解けなければその科目の授業が終わるまでその場で立たされたり、課題ができるまで帰らせてくれないなど、とにかく小学校よりも格段に厳しいところだった。

その塾の方針で、小学六年生の頃には中学校で習う数学の公式をすでに

教えられていた。魔法の公式を手に入れてしまえば、六年生の算数なんてぶっちゃけ楽勝。他の科目も同様に随分と先取りしていて、自分が今一体何年生なのかわからなくなるほどだった。

小学校の授業の内容は全て知っていて当然、そうでなければとても難関中学受験には臨めない。全く本意ではなかったけれど、わたしはなぜか県下で最難関とされる中学を受験することが決まっていたので、毎日辞書のように分厚い塾の教材をこなすことばかりに気をとられていた。

小学六年で担任になったのは、わたしが通う小学校に赴任したばかりのF先生。一言で表現すると、とても変わった人だった。

日本史の授業の時は自由なスタイルで班ごとに歴史上の出来事をまとめさせたり（わたしの班は演劇で表現した）定期的にクラスでカラオケ大会を開催したりと、今まで受けた授業の概念を全て壊すようなパンク精神の持ち主だった。それは、勉強を競争としか捉えていなかったわたしにとって、あまりにも刺激的だった。

F先生が担任になってから初めて渡された通信簿。これまで最高評価の三を取り続けていた、自他共に認める優等生だったわたし。その栄光が過去のものとなり、音を立てて崩れ落ちていく瞬間を目の当たりにしたのだった。

〈窓の外を見て、ぼーっとしていることがあります。集中力に欠けることがあります〉

三の評価が軒並み二に下がり、そればかりか備考欄には「集中力に欠ける」の文字。その評価にとても驚き、なにかの間違いかと思わず目を擦ってしまった。

「六年になったからって、特になにも変わってないと思うけど？　この担任の先生、やっぱりちょっとおかしいかも……」

しかしそれと同時に、それまでの人生で初めて、本質を見抜かれた気もしていた。ぼーっとしているのは、心の奥底のさらに片隅にいる本当のわたしの姿だった。

勉強をすること、他者と競争をすることにアイデンティティを見出し、それ以外の事柄に対して思考停止する術《すべ》を、わたしは小学生ながらいつの間にか身に付けていた。様々な理不尽や疑問に対して鈍感になり、日常の事柄はほとんど無意味だと思うようになっていたのだ。

通信簿を見た瞬間こそ傷付いたが、意外とこの人はわたしのことをよく見ているのかもしれないという気持ちが沸々と湧いてきた。テストの成績さえ良ければ大体のことはお咎《とが》めなしだと、学校をなめていたわたしの脳内の淀《よど》んだ空気を、F先生は全く別の価値観で換気してくれたのだった。

学習塾ですでに習い知っている内容なのに、F先生の授業はとにかく楽しかった。毎日の授業が楽しい、それだけでクラスは自然と一致団結していった。時々喧嘩しつつも、明るい学級になっていくのを日々実感していた。

　中学受験なんか今すぐ辞めて、ずっと六年生のままでいられたらいいのに。受験勉強ばかりに囚《とら》われていたわたしが、いつしかそんなふうに考えるようになっていた。

　楽しい小学校生活が終わりを迎える頃、わたしは宝くじに当たるよりも難しい確率で、奇跡的に最難関の中学校に合格した。そのまま地元の中学に上がれば六年生の時の友達と別れることなく同じ学校に通えるのに……。合格した中学へ入学することはもう変えられない未来なのだと、喜びに溢れる母親の目を見て悟った。

　先に未来のことを話しておくと、おそらく合格ラインギリギリで難関中学に受かったわたしは、入学後に本物の優等生だらけのクラスの中で、勉強もなにもかも冴えない中学生活を送り、その後バイト三昧の高校生活を終えた。そしてなんとか地元の国立大学に入学し、なぜかロックバンドでメジャーデビューを果たすことになる。

デビュー後のインタビューで「人生を変えてくれた人は誰ですか？」と訊《き》かれることがしばしばあったが、わたしは決まってF先生のことを話した。

徳島で教員を目指す人を応援するという動画サイトの仕事では、特に熱を込めて小学六年生の記憶を語った。しかも、わたしのインタビューに答える形で、恩師としてF先生が画面に登場し、コメントをくれるというサプライズまであった。

あの頃と変わらないその姿を一目見た瞬間、わたしは小学六年生の教室に戻っていた。そして、事前収録した映像に向かって思わず、小さな木の椅子に座っていた頃のように姿勢を正した。

丸くて優しい声。会ってゆっくりお酒でも飲みながら、今の話をしたい。先生の目に今のわたしはどんなふうに映るのだろうか、それを知りたい。何歳になってもF先生は大切なことを教えてくれる気がする。

それからわずか一年後、先生はこの世界を去った。

かれこれ十年以上通っているカイロプラクティックがある。施術中いつも、院長と今考えていることや世の中に対する不安や疑問の答え合わせをするのだが、心の内側を語り合っているとあっという間に二時間が過ぎている。

先日久しぶりに訪れた際、院長がこんな話をしていた。

「神様はいると思う。わたしは、自分に気付きをくれる人をみんな神様だと思っている」

その言葉を借りるなら、Ｆ先生はわたしの神様だ。

あの日の通信簿が、わたしの人生の通信簿になった。大人になり、先生とゆっくり話したいと思っていた矢先、もう二度とこの世界では会えなくなってしまった。なぜもっと早く連絡しなかったのだろう。後悔先に立たずということわざを考えた人に賛辞を送りたいが、その悲しい気付きをくれたのも結局は先生だった。あの頃のように、なんでもわかったような顔をして、窓の外を見てぼーっとしているようでは、大切なものがどんどんこぼれ落ちてしまうよ。

神様は死なない。今も時々わたしの心に現れては、たくさんの気付きを与えてくれる。そしてきっと、相変わらず心配そうにわたしを遠いあの空から眺めているだろう。

地獄への階段

さっき食べたダブルチーズバーガーセットが喉元まで込み上げてきている。容量二〇〇％ぶち込んだ洗濯機の中の汚れ物のように、全身が知らない誰かとピタリとくっついたまま、ぐるぐる回っている。汗と汗、その他いろんな刺激臭を全身に浴びながら、育ちすぎたキノコみたいに密集して天に向かって伸びる腕を眺めていた。どうやらわたしは地獄に来てしまったようだ。

極度の酸欠と身体中の痛みで朦朧《もうろう》とする中、わずかな隙間から見えた、ニヤリと笑みを浮かべ、高いところからわたしを見下ろす男。あれは悪魔だったのか、それとも天使だったのか、未だにはっきりしていない。

中学の同級生のユウコの家風は独特だった。決まった額のお小遣いはないのに、音楽ソフトの購入だけは全て認められていた。つまり、音楽にまつわるものは買い放題なのだ。その頃は音楽配信サービスなんてなかったから、CDをはじめとする物としての音楽が重宝されていた。

当時マキシシングルという十二センチサイズのCDシングルが大流行していて、ユウコの家にも好きなバンドの最新マキシシングルや、最新号の音楽雑誌が所狭しと並んでいた。部活や塾の帰りにユウコの家に立ち寄っては、サニーデイ・サービス、中村一義《かずよし》、スーパーカー、ホフディラン、フィッシュマンズなど、テレビの音楽番組ではなかなか出会う機会のない、いろんな音楽を聴かせてもらった。

中でもユウコはミッシェル・ガン・エレファント（通称ミッシェル）に特別な想い入れがあり、ファンクラブに入るほど熱烈なファンだった。ファンクラブの特典として、ボーカルのチバユウスケさん直筆の会報が時折郵送されてくる。それが届くたび、中学二年生の少女たちは雲の上の存在であるアーティストに少しでも近づきたくて、難解な文体の会報の解読に膨大な時間を費やすのであった。

　ファンクラブには他にも豪華な特典がある。なんと、ライブチケットの先行予約ができるのだ。もうすぐ冬休みを迎えようとしていた中学二年のある日、ユウコの家を訪ねるとミッシェルの会報を手に、興奮気味にわたしの元に駆け寄ってきた。

「オリーブホールにミッシェルが来るって！」

　オリーブホールは香川県高松市に所在する老舗ライブハウス。わたしたちが暮らす徳島県のお隣、車で片道一時間ちょっと。これは絶対に行くしかない。

　ユウコに頼んでチケットを二枚予約してもらい、しかもユウコのお父さんが会場まで車で送迎してくれるという。

その日は確か日曜だったと思う。随分と早く到着したわたしたちは、まずは会場の場所を確認してから、時間まで古着屋を見て回った。高松はバスに乗って何度も買い物に訪れたことのある、すっかり見慣れた街だった。でも今日この地にミッシェルが来ると思うだけで、なんだかいつもより色鮮やかに見えるのであった。

夕方になり、お腹が空いてきたのでマクドナルドに入る。二人ともセットメニューを完食し、お腹パンパン、準備万端だ。

言い忘れていたけれど、これがわたしとユウコの人生初ライブ。そして言うまでもなく、このお腹パンパンは地獄へのファストパスとなるのだった。

開場時間が近づき、お腹パンパンのままオリーブホールに足を急がせる。会場前に到着するとすでに長蛇の列ができている。人生初ライブ、当然ライブハウスも人生初のわたしたち。入場方法がよくわからずまごついていると、困惑するわたしたちを心配したのか、すぐ後ろにいたお兄さんが優しく話しかけてくれた。

「君ら、整理番号何番？」

整理番号とは、たぶんチケットに書かれている番号だと察し、お兄さんにチケットを見せる。

「え、めっちゃ番号早いやん。もっと前行きな！」

ファンクラブ効果は絶大で、親切なお兄さんの手助けもあり、長蛇の列のかなり前の方に食い込むことができた。

いよいよ開場。当時はコインロッカーに荷物を入れるという文化がなかったのか、会場のオリーブホールの習慣がそうだったのかはわからないが、会場後ろに張られたロープの中にみんな自分の荷物をどんどん投げ込んでいる。

「あれ、お財布とかは大丈夫かな？　同じ鞄の人がいたらどうするの？」

そんな疑問が吹き飛ぶぐらいの勢いで、みんな一斉に荷物を投げ込む。とりあえず財布だけをポケットに入れ、わたしもユウコも背負ってきたリュックを投げ込む。

すぐさまステージの方に向かおうとするが、フロアはすでに人で溢れ返っていた。ファンクラブ効果も虚しく、わたしたちは会場の後ろの方で、つま先立ちでステージを覗き見るよりほかなかった。

ＳＥ（登場曲）が鳴り始めたその瞬間、四国人のおっとりした雰囲気とは真逆の形相で、お客さんたちが津波のように一気にステージに押し寄せた。

「し、死ぬ！」

足は踏まれ、顔に肘《ひじ》がぶつかり、ダイブする人に頭を押さえ付けられ、それでも酸素がほしくて上を向くしかない。

「もう二度とライブには来ない。絶対に」

開演からわずか数分で心が折れながらも、なんとか生きて帰らねばと懸命に人波を泳いで必死にもがく。その波の隙間から、ギターのアベフトシさんの顔が見えた。

音楽が好きと言っても、中学生のわたしはやはりボーカルに心を奪われていた。この人生初ライブも、なんとか一目だけでもチバユウスケさんを見たいと願っていたと思う。バンドサウンドが好きだったけれど、ボーカルの佇まいがかっこいいバンドが好きだったのだ。

ギターのアベさんの切れ長でクールな眼差しと、中学二年生のまだロックを知らない少女の目が合う。彼がニヤリとしたその瞬間、ギターの音が急に大きくなった気がした。アベさんが奏でるテレキャスター（もちろん当時はギターの種類なんて知らなかったが）のカッティングサウンドに、急に全神経が持っていかれる。

楽器ってこんなに迫力があるのか。歌ってないのにかっこいい。なんということだ。

少しだけ耳が慣れてくると、次第にベースやドラムの音もはっきりと聴こえてきた。この人たち、全員かっこいいやん。バンドって、本当に全員かっこいいんだ。とんでもない発見をしてしまった。

バンドのエネルギーの塊を、フロアにいる全員を合わせても受け止めきれない。たった四人の演奏が、この数百人を完全に支配している。今そんな凄いことが目の前で起こっているのだ。

人生初の地獄と感動を同時に味わいながら、およそ二時間近く巨大洗濯機の中でぐるぐると掻き回され、ライブが終わる頃には全身びしょびしょのボロボロになっていた。

帰りの車中のことは一切記憶にない。きっと、もう二度とライブには行かないという決意と、絶対にバンドを組みたいという新たな未来を胸に、よだれを垂らして爆睡していたのだろう。

その時に見た夢が、後々わたしの人生を、天国にも地獄にも連れて行ってくれることになる。もちろんそんなことは、その時のわたしは知るよしもなかった。

チャットモンチーです

窓の隙間から入った蚊の羽音と、車内の暑さのせいで一向に眠ることができない。そもそも軽自動車で大の大人三人が寝るなんて、どうかしているのだ。そのことにさえ気付かないくらい、わたしたちは〈バンドでツアーをする〉という勝手な使命感にメラメラと燃えていた。

一九九〇年代終わりから二〇〇〇年代初頭にかけて、バンドシーンはたいぶん相当盛り上がっていた。日本のみならず海外でも高い評価を得ているバンド・ハイスタンダードの影響で、メロコア（メロディック・ハードコアの略称。かなりざっくり言うと、メロディに重きを置いたリズムの速い音楽）と呼ばれるジャンルが一世を風靡《ふうび》していた。その勢いは全国のライブハウスを盛り上げ、爆発的な伝播力でバンドマンを増殖させた。

たぶん
と記したのは、わたし自身が直接その影響を受けていないからだ。ライブハウスに頻繁に足を運ぶようになったのは二十一世紀を迎えた頃だった。当時のわたしは、ただのバンドリスナーで、演奏者になり得る資質は持っていなかったと思う。それでもあの頃のライブハウスが尋常ではないほど熱を帯びていた記憶は、しっかりと脳裏に刻まれている。

高校二年生の時、同じ塾に通う友達から

「わたしバンドでベース担当してて、今度ライブするから見にきて〜」

とマシュマロみたいにふんわりと誘われた。彼女の優しい声色から、きっとゆるふわな演奏なのかなと想像しながらライブに訪れた。しかし予想は見事なまでに裏切られることになる。マシュマロとはとても言えない、鋭利な棘《とげ》を持った、とにかく聴いたことのない音楽をやっているバンドが演奏していたのだ。

それがチャットモンチーだった。

すっかり心を奪われたわたしは、ライブ会場で販売していた二曲入りの手作りCDを購入し、その日から毎日聴き続けた。CDが擦り切れるのではないかと思うほど、その二曲を繰り返し再生した。

彼女たちの音楽をたくさんの人に聴かせたい。その素晴らしさをみんなと共有したい。チャットモンチーへの情愛が爆発したわたしは、友人たちに片っ端から聴かせ、それだけでは飽き足らず、友人のお母さんにさえCDを貸して聴かせた。

誰にも頼まれてもいないのに熱心に広報活動をしていた、ただのファンでありリスナーだったわたしが、気が付けばチャットモンチーにベーシストとして加わることになっていた。

チャットモンチーはメンバー全員が女性。当時女性だけのバンド、いわゆるガールズバンドはとても少なかった。メロコアのような躍動感溢れる演奏や、ミッシェル・ガン・エレファントのような熱情がたぎるロックンロールに憧れてバンドを始めるのは、やはり男性の方が多かったのかもしれない。ハイスタンダードの躍進後、ハードコア、スカパンク、青春パンクなど、徳島にもいろんなジャンルのバンドが増えていたが、女性バンドマンは相変わらず稀有な存在だった。

しかし希少種であるガールズバンドは、ライブハウスでは珍重されることはなく、むしろぞんざいに扱われるのが常だった。

ライブでは数組のバンドと共演することが多かったが、たいてい男性だけのグループと一緒になる。いざ、わたしたちがステージに上がるやいなや「あーあ、次のバンドは女か〜」と言わんばかりに、多くのお客さんが会場の外に出て行ってしまう。場内にいても携帯に目を落として演奏を見ようとしない人。壁に寄りかかってしゃがみ込み、休憩とばかりに仲間と大声でおしゃべりを始める人。そういった、チャットモンチーの演奏に全く興味がない人たちを振り向かせるのが大好きだった。アウェイであればあるほど、なぜだか心が燃え上がるのだ。

女性バンドが軽視されるのが至極当たり前の世界で、ただ嘆いている暇はなかった。一刻も早く、共演する男性バンドと対等に渡り合う演奏をできるようになりたい。そのこと以外、わたしたちの眼中にはなかった。

一人前のバンドマンになるには、全国ツアーをして経験値を上げなければならない。それには各地のライブハウスをブッキングし、現地まで車を運転して楽器を運び、機材のセッティングから物販、そしてライブ後の打ち上げまで、バンドに関わる全ての事柄を自身でやらなければならない。なんの知識も伝手もないわたしたちは、徳島のライブハウス・ジッターバグの店長から各地のライブハウスを紹介してもらい、どうにかこうにかツアーを組むことができた。

本格的にツアーをするようになったのは、ドラムのクミコンが加入してからだ。買ったばかりのわたしの軽自動車に楽器と物販用のグッズを詰め込み、そこに三人が乗車する。少しの隙間もないほどギュウギュウの、カーナビもない車に分厚い地図を広げ、あらかじめ印を付けておいたライブハウスを目指す。四国から本州に出るには明石海峡大橋を渡らなければならないが、通行にはそれなりのお金がかかる。お金も時間も惜しかったわたしたちは、一度徳島を出ると一週間ほどかけて全国各地を回った。

デビューもしていない無名のバンドが出演料をもらえることなどなく、出演するためのノルマを払わなくていいだけありがたい。収入は自分たちのグッズの売り上げに頼るしかないのが現実だ。知識もお金もなかったわたしたちは極力手作業で、ＣＤ、缶バッチ、ステッカーを作った。是が非でもこれらを売って、ツアーの経費を稼がなければならない。中でもＣＤ

はそれなりの値段を付けられる、絶対に欠かせない大切な収入源だった。

ライブの良し悪しがその日のＣＤの売り上げに如実に影響することを、初めてのツアーの時に嫌というほど痛感した。良い演奏をすれば終演後たくさんのお客さんが求めてくれるけれど、芳しくなかった日は全く売れなかった。それだけに、手作りといえどもメジャーレーベルのＣＤと比べても見劣りしないものにしたかった。カラーコピーした歌詞のブックレットを作り、百円ショップで購入したプラスチックケースに入れて、メジャーレーベルを気取ったＣＤを作った。

ツアーの移動中、運転手以外はＣＤを組み立てる任務が課せられた。最初は苦戦していた作業もツアーを重ねるごとに上達していき、いつしか三人とも揺れる狭い車内での内職が特技となっていた。

ツアーではライブハウスが所在する地元で活動するバンドと共演する機会が多く、ライブ後に打ち上げがある時は必ず参加した。物販が苦戦した日の出費はかなりの痛手だったが、ここで関係を深めて次のライブにも呼んでもらわなくてはならない。打ち上げの参加費で赤字になってしまうこともあったけれど、気持ちだけは赤字にならないように顔を上げ、全ての参加者に笑顔でお酒を注いで回った。

ホテルなんて一度も泊まったことはない。お風呂に入れない時はタオルで顔や腕を拭き、公共のトイレで歯磨きをした。ちゃんとした食事が買えない時は、スナック菓子で空腹を満たした。

お風呂は我慢できるけれど、空腹だけはどうしても耐えられない。何度目かのツアー前、お金がない時に空腹を満たす手段を真剣に考えた。

「炊飯器とお米を持っていけば、ライブ会場で電源を借りてごはんが炊けるんじゃゃないか？」

以前、先輩バンドたちが機材車に炊飯器を載せていたのを思い出した。それに習い、わたしたちも炊飯器とお米を持参するようになった。旅中にごはんを炊いておにぎりを作る術を編み出したわたしたちは、ようやくツアー中の空腹の苦しみから解放されたのだった。

夏のツアーでは軽自動車に網を貼り付けて、窓を開けっぱなしにして寝たこともある。しかしながら、網の隙間から侵入した蚊と、暑すぎる車内に我慢できず、メンバー同士で喧嘩になってしまった。

結局その夜は一睡もできずに、早朝から外に出てみんなでラジオ体操をした。全力でラジオ体操をしているうちに、なんだか昨夜の喧嘩が馬鹿らしくなり、いつの間にか険悪な空気は消え去っていた。バンドとは、時に家族のようで、時に友人のようで、時に同志のような、なんとも不思議な集まりだ。

機材を積んだ軽自動車に三人で宿泊するのは、さすがに辛すぎた。車中泊でツアーを続けるのは到底無理だと痛感したわたしたちは、駄目もとで出演するライブハウスに泊まらせてもらえないか、お願いすることにした。

そのわがままな申し出をいくつかのライブハウスが快諾してくれた。中でも、神戸のライブハウス・アーバンスクエアには本当に良くしてもらった。寝やすいようにとビーチチェアを用意してくれて、冬場は暖房器具まで貸してくれた。

ツアー中の珍事は枚挙にいとまがないが、全て書き出していたらそれだけでこの本が終わってしまうので、今でも時々思い出す出来事をひとつだけ記したい。

ある日のライブ後、風邪気味だったわたしは留守番をして、ギターボーカルのえっちゃんとドラムのクミコンで深夜までやっている銭湯に行くことになった。

夜中二時に出発した二人が、いつまで経っても戻ってこない。車で十数分の場所なのに、なにかあったのかと心配しながら待っていると、げっそりとした顔で帰ってきたのは朝の六時すぎ。詳しく話を訊くと、銭湯でえっちゃんの赤いバッグが盗難にあい、警察で事情聴取されていたというのだ。ライブで疲れ果て、たまたま行った銭湯でそんな仕打ちを受けるだなんて。

そしてそのバッグは、わたしとクミコンがえっちゃんの誕生日にプレゼントしたものだった。

「盗まれたバッグはいくらでしたか？」

もちろんえっちゃんは、そのバッグの値段を知らない。意図せぬところ（しかもよりによって警察）で、誕生日プレゼントの値段を公開しなければならない、この上なく気まずい状況となってしまったのだ。腹を括ったクミコンが値段を口にしようとしたその瞬間、えっちゃんからのまさかの質問が警官に向かって放たれた。

「気持ちは値段に入りますか？」

一瞬の静寂が流れたが

「気持ちは入りませんので、購入した時の値段を教えてください」

と警官にバッサリあしらわれ、結局クミコンから誕生日プレゼントの値段を知らされることになったのだった。

最初は、犯人に対する怒りで風邪もどこかに吹き飛んだけれど、後々まで記憶に残ったのはえっちゃんの「気持ちは値段に入りますか?」という言葉だった。もしも天に召される直前に走馬灯を見ることがあったら、実際には自身の目では見ていないはずの、この言葉を放った瞬間のえっちゃんの背中を想像することだろう。

珍道中での無数の出会いが、血となり骨となり、運命を引き寄せていった。そしてツアー中にレコード会社に送った数えきれないほどたくさんのデモテープが、やがてメジャーレーベルの目に留まり、そこから運命が動き始める。

デモテープを送る時はいつも、蛍光ペンで封筒をぐるりと縁取り、送り主のところに大きな文字でこう書いた。

「わたしたちがチャットモンチーです」

そしてその周りを、太い赤ペンで囲った。チャットモンチーの音楽が、みんなの元に届くようにと願いを込めて。

町内放送のある町

午前七時半、爆音の町内放送で目を覚ます。正直「なんでこの時間に、それを放送した？」と問いたくなるような内容が多いが、それがこの町の日常なのだ。

二〇二〇年、感染症の流行が深刻化する中、初めての出産をした。産後面会の二日間のうち後半の一日は面会禁止。それぐらい、わたし史上一番とも言える未曾有《みぞう》の緊急事態真っ只中での出産だった。

産後ほどなくして本物の緊急事態宣言が発令された。誰も経験したことのない状況下に、世界中が混乱の渦となった。

本来ならば、産後少しずつ外気に触れさせるために赤子を散歩に連れて行く頃合いになっていたが、怖くてなかなか外を出歩けないでいた。東京では人とすれ違わない日は皆無に等しい。見えない敵がどんなふうに感染するのかもよくわからない中、マスクができない新生児を抱えながら、わたしは途方にくれていた。

テレビのニュースはもうコロナのことしか報道しなくなっていた。画面には、毎日の感染者の増減報告に一喜一憂する街の人たちのインタビュー映像が映し出されている。この頃から我が家は、テレビを見る機会が急激に少なくなっていった。

一回目の緊急事態宣言が解けた初夏の頃、子どもを連れて初めての里帰りをした。大人二人と赤子一人、それに猫一匹と犬一匹の大移動、交通手段は必然的に車となる。二〇一六年に徳島市内に自分の店を構えてから毎月のように東京・徳島間を車で往復していたため、長距離運転にもすっかり慣れていた。

久しぶりの帰郷は以前とは随分様子の違うものだった。車で走っていてもやたらと視線を感じる。駐車する時も頻繁にナンバープレートに視線が注がれる。

帰省直前、徳島に暮らす友人から
「今こっちはかなりコロナに敏感になっているから、気をつけた方がいいよ」

と釘を刺されていた。嘘か本当か、県外ナンバーの車に石が投げつけられる事件もあったらしい。徳島県に住む県外ナンバーの人たちは〈わたしは徳島在住です〉というめちゃくちゃ恥ずかしい貼り紙を、車のナンバープレート近くにデカデカと掲示しなければならない状況だった。

せっかく徳島に帰ってきたのに、実家の駐車場に車を停めていることすら申し訳なく感じた。外へ出ようにも、東京ナンバーの車ではどこにも駐車しづらい。外に出られないのは徳島でも同じなのかと落胆した。

「人が少ない場所にドライブに行くのは、別にいいんじゃないかな？」

夫の提案で、家族全員で県南の海までドライブに出かけることが決まった。

梅雨入り間近の平日の海には、わたしたち家族以外誰一人おらず、東京ナンバーの車を駐車させても咎《とが》められることはなかった。

一緒に連れて来た犬が、浜辺を端から端まで一心不乱に走り回っている。

「犬もこんな嬉しそうな顔をするんだ」

初めて目にする犬の生き生きとした表情に、わたしはとても驚いた。

人生初の海である赤子は、抱っこされて寝たまま一度も起きなかった。

穏やかな波の音が心地良かったのかもしれない。

「ここなら住むのに良さそうだね」

わたしの胸の中で幸せそうに眠る赤子と、大はしゃぎする犬を眺めながら、そんな言葉が自然と口から漏れていた。

以前から移住に前向きだった夫は、それを聞いてなんだか嬉しそうな顔をしている。そして次の瞬間、彼はすぐさま行動に移していた。

「空き家を調べてみよう」

スマホで海の近くの物件を検索し始めたが、一向に情報は見つからない。普通ならそこで諦めてしまうところだが、夫はその場で町役場に電話をかけ始めた。コロナ禍でしばらくなにもできなかったモヤモヤが、彼の行動力となって爆発しているようだった。

役場の人となにやら話し込んでいる様子で、会話が進むにつれ表情がみるみる明るくなっていく。

「明日、すぐ近くの空いてる家、内見できるって!」

翌日内見したのは、築六十年以上の古民家だった。それまでゲストハウスとして使用されていたこの物件は、人の出入りがあったおかげでちゃんと息をしていた。コロナ禍で一気に利用者が減り、ゲストハウスとしての機能をほぼ果たせていないため、貸し出してもいいということだった。

小さい庭と小さい縁側が付いた、手頃な広さの一軒家。一目でここが気に入り、あっという間に徳島の海辺の町に引っ越すことが決まってしまった。

その頃のわたしは作詞作曲の仕事が増えて、ほとんどの業務がリモートに移行していたから、住む場所に囚われることもなくなっていた。もちろん、ひとつも不安がなかったとは言い切れない。バンドで勝負するために上京して、曲がりなりにも社会人として十五年過ごしてきた街を離れる怖さもあった。それでも徳島に引っ越すことを選んだのは、そっちの方が面白そうだったから。

迷った時は自分の心に問いかけて、素直に面白いと思える方を選ぶ。その選択方法はバンドをしていた頃から全く変わっていない。

この引っ越しを、わたしは敢えて移住と呼ぶことにした。東京で暮らしている間に、当然ながら徳島も様変わりしていた。久しぶりに帰っても、浦島太郎のように知らないことだらけだった。

わたしが十五年間、東京でいろんなことを感じ経験したように、徳島で暮らす人にも、良かったことも苦しかったことも、当然のようにたくさんあったはずだ。それらの事柄を、長い間徳島を離れていたわたしは一切知らない。

そんな立場で、さも知ったかぶり面《づら》して「もんてきた（帰ってきた）でー！」なんて言いながら帰郷するのは、なにかが違う気がした。心の底から「改めてお願いします」という気持ちで明石海峡を渡ってきた。わたしを移住者として迎えてほしいと思ったのだ。

引っ越し当初、町内放送のバカデカさに無性に腹が立っていた。夜型の我が家にとって朝七時半はまだまだ寝ていたい時間だし、一生懸命寝かしつけたばかりの赤子だって起きてしまう。

近所の中学生に

「東京は町内放送なかったよ」

と言うと

「え？　じゃあみんなどうやってお知らせとか時間とか知るん？」

と目を丸くして訊いてきた。中学生のそんな素直な反応を見て、わたしは改めて、えらいところに越して来たなと思った。

そんな生活を始めて三年が経った。今では朝六時すぎには目が覚め、七時半の爆音放送の時は子どもに朝ご飯を食べさせている。放送のおかげで、町内で行われる健康診断も忘れずに申し込めるし、狂犬病の注射もかかさず行っている。今日は町の診療所はS先生がお休みで、漁協では九時からカツオの直売会が行われるらしい。

町内放送のない街にいた頃、わたしは一体どうやって生活していたのだろう。そう思うほど、今の暮らしが板に付いてきた。

わたしは過去に帰ったのではない。紛れもない未来を歩き始めている。

匂い

出産報告の際、まず訊かれるのが子どもの性別である。この質問には我が家の方針がわかるよう、丁寧にこう答えている。

「今のところ、見た目は男の子ですが、性別は将来本人が決めると思います」

これに対する反応は人それぞれ、様々だ。「いやいやいや」と苦笑いする人もいれば「なるほどねぇ〜」と深く頷く人もいる。

幼い頃、わたしは周りからよく男の子に間違えられていた。同級生の男の子たちに交じってカブトムシやザリガニを捕り、ドブのような用水路を飛び越え、空き地に乗り捨てられたバイクを秘密基地にして遊んでいた。

望んだものとは違う形ではあったが、ずっと男の子がほしかった父の願いが叶えられたような幼少期を過ごしていた。

それから十数年後、バンドで音楽雑誌の取材を受けるようになった頃「見た目と違って、女性らしい歌詞を書くんですね」と言われるようになった。それは一度や二度のことではなく、バンドが完結する時まで何度も繰り返された。周りからそう言われることで「見た目は男性的、心は女性的、それがわたしなのだ」と信じて疑わないワ、タ、シが形成されていった。

バンド時代、徳島に帰省していた時のこと、先輩に夕食をご馳走してもらう機会があった。帰り際お会計をする間、店の主人が話しかけてきた。わたしがバンドをやっていることを知っているようで、そのことを訊かれるのだろうと思っていた。

「あんた、何歳？」

いきなり、バンドと関係ない直球の質問が飛んできた。

「あ、三十五歳です」

間髪入れずさらなる豪速球が飛んでくる。

「子ども産んどらんの？　ほれはやばいな。頑張りよ」

なんの受け身も取っていない脇腹に、思いっきりデッドボールを食らった。ここでは三十五歳で子どもがいない女はやばいらしい。

近所に住む移住仲間が、子どもを連れて散歩していた時のこと。
見知らぬご婦人が友人の子を見て
「可愛らしい女の子やね」
と話しかけてきた。せっかく声をかけてくれたので、少し世間話でもしようと思ったその矢先

「でも女の子やからお金はかけたらあかんよ。どうせ嫁に行ってしまうんやけん。お金は男の子にかけなあかん」

と言い残し、婦人はそのまま立ち去った。

友人は一瞬なにを言われたのかわからなかったが、後からその意味を理解し、ひどく悔しい思いをしたという。

出産してひとつだけ明確に決めたのは、我が子の望む未来を絶対に否定しないことだった。

一人では生きていけないことを、子どもは本能的に知っている。周りと共生しなければいけないと理解しているからこそ、身近にいる大人たちの考えや常識を、カラカラに乾いたスポンジのようにぐんぐん吸収してしまう。その常識が将来、自分の中の違和感とぶつかった時、どうしようもなくなって自身を傷付けてしまうかもしれない。わたしの勝手なものさしは、子どもの未来に傷を付ける最も恐ろしい凶器になり得るのだ。

　そんなわたしは、いつから当たり前に常識を受け入れていたのだろう。最初はあったはずの違和感もどんどん角をなくし、気付けば真ん丸になって、後はゴロゴロと運ばれていくだけ。たまに角がある人に出会うと「あの人ちょっと変わってるね」なんて言って、ツルツルのまるを強要したこともある。わたしの価値観にどれほどの価値があるというのか。思い出すだけでも恥ずかしく、居た堪《たま》らない気持ちになる。

　各々家の匂いがあるように、どれだけ気を付けていても価値観の匂いは必ずついてしまうものだ。当の本人は、自分の匂いに気付かなくなってしまうのだからたちが悪い。赤ちゃん本来の匂いだけをまとって生まれてきたはずの我が子は、今どんな匂いを発しているのだろう。

　普通のこと、普通じゃないこと。その境界線は一体誰を納得させるためのものなのか。わたしも、あたかもそれが当然であるかのような顔をして引いてきた線がたくさんある。きっとその線は、誰かの心を縛り上げ、痛めつけてきただろう。

すでに世に出ている歌詞に関しても、後悔しているものがいくつかある。時代のせいにはできない。だって、最初からワタシの常識に正しさなんてなかったのだから。


わたしが今この文章を綴っている間、台所では夫がせっせと夕食の準備をしている。

我が家には主夫がいる。夫婦で得意な家事を分担した結果、夫が食事担当になることで全てが丸く収まっている。掃除と洗濯はわたしが一手に担っているから、主夫と言うのはどうなのだろうとも思うが、夫はその呼び名を気に入っているようなので、一旦そのままにしておこう。

エプロン姿の父と、派手な装いの母を横目に、どんどん大きくなっていく我が子。日々人間という大宇宙を目の当たりにしている気分になる。この子には宇宙の全てを見つめて、自分の居場所を見つけてほしい。それが今いる場所から近くても遠くても、自分のいるべき場所はここだと思える、温かな土地に根を下ろしてほしい。

そんな願いも込めて、この本では我が子のことを豆太《まめた》と呼びたいと思う。ちょうど顔の輪郭も豆みたいだし、なにより大豆が大好きだから、ぴったりの愛称だ。

今朝も豆太は保育園へ出かけて行った。帰ってくる頃には、すっかり保育園の匂いがしていることだろう。それはいろんな人と交わっていた証《あかし》だ。この小さな身体に宿したたくさんの世界ごと、今日も思いっきり抱きしめたい。

奇跡の人

気付いた時にはもう胸の鼓動が速まっていた。それは恋の病ではなく、本物の病だった。

幼い頃から喘息《ぜんそく》持ちの夫は、豆太の異変をすぐに察知した。肺のあたりに耳を当てると、壊れかけのホイッスルみたいにヒューヒューと鳴っている。その日はあいにくの日曜日、ただでさえ最寄りの小児科が車で四十分のところにある田舎暮らしだ。休日ともなると車で一時間半かかる場所にしか診てくれる病院はない。

「あれ？　今って令和だよな？」

一瞬、そんなことが脳裏をよぎるが、過疎地にとって令和も平成も昭和も、ただの年号にすぎない。住んでいる人が少ないから近くに病院がないという単純な実情。豆太はずっと息苦しそうで、一向に咳が止まらない。唇の色も白んできた。

夢中で車をすっ飛ばし、ようやっと病院に到着した。道中、安全運転を心がけ平静を保とうとしたものの、わたしの鼓動は一瞬たりとも静まることはなかった。

診察の結果は、気管の炎症による気管支喘息だった。

「このまま入院していただきます」

看護師さんのその言葉に、わたしは目が点になった。

「にゅ、入院?」

続けて、回復状況により前後するが、入院期間はおよそ一週間になるだろうと告げられた。さらには、コロナ禍で付き添い人は一人に限られるという。一瞬オロオロしてしまったが、迷う余地はなさそうだ。まだ小さな豆太に、わたしが付き添い入院することになった。

正直、喘息を完全にナメていた。豆太には申し訳ないが、その苦しさを全然わかっていなかった。ましてや入院になるとは想像すら及ばなかった。喘息で入院なんて、わたしはそれまで一度も聞いたことがなかったのだ。ただ、家では施しようがないほどに衰弱した豆太を目の当たりにして、わたしもことの深刻さを徐々に理解し始めていた。

病院に飛び込んだ時、わたしが所持していたものといえば、スマホと子どもの保険証と二つ折りの小さな財布だけ。荷物を家まで取りに帰っていては往復三時間もかかってしまう。酸素低下で意識が朦朧とする豆太を抱えたまま入院の手続きをしている間に、夫は病院周辺で必要なものを急いで買い揃えてくれた。

入院すること自体が人生初体験のわたしにとって、一歳児と二人きりの入院生活は想像という峠を、二つも三つも越えたものだった。

高い柵で囲われた一畳くらいのベッドに母子二人。今日から一週間、この中で食事も睡眠もトイレも治療も全て行うらしい。

点滴と、酸素濃度を測る機械と、酸素マスクの管たちが豆太一人の身体に繋がっている。当然、うまく管を捌かないとすぐに絡まってしまう。三匹の犬を同時に散歩させる時のリードを操るように、四六時中何本もの管の存在を気にしていなければいけない。豆太がタブレットで大人しく動画サイトを観ている時だけが、わたしが一息つける時間となった。

入院二日目、夫が看護師さんに笑われるぐらい大量の日用品を抱えてきた。豆太が好きなおもちゃ、使い慣れたスプーンとフォーク、新たに購入した絵本や雑誌も入っている。

その中に豆太のお気に入りのぬいぐるみが入っていて、その頭にはわたしが愛用しているヘアバンドと髪留めが装着されていた。部屋着でもせめて気分が上がるよう、お気に入りの装飾品を着けたい。本当は部屋着で人前に出たくないわたしの本心を、夫はすっかり見透かしていた。

さらには、わたし用の新しいノートとボールペンも入っていた。ふと思い付いた歌詞や、それ以外にもなにかとメモを取ることも、不意に意味のない落書きのような絵を描くのが好きなことも、夫はなんでも知っているのだ。

「かあちゃんが元気だったら、豆太も安心できるからね」

夫のその言葉が心に染み入り、自然と涙が溢れてきた。

夫は気遣いの達人で、近所の友達から冗談交じりに奇跡の人と呼ばれている。育児に熱心で、家事も自ら進んでやっているからだろう。わたしより何倍も気が利くし、コミュニケーション能力も高い。

もちろんその反動も大いにある。人の言動から心の動きを悟ってしまい、傷付くことも多い。人と密に関わる仕事だった前職では心をすり減らしてしまい、鬱病を患って会社を辞めた。

会社を辞めたことが彼にとって大きな転機になったようで、今では本来の明るさと社交性を取り戻しているようだ。そんな奇跡の人とも時々夫婦喧嘩をするが、それを見て友人たちはおそらく、常にわたしの方に非があると思っていることだろう。それほどまでに彼の気遣いぶりはご近所さんにも浸透している。

入院三日目、わたしも豆太もすでに入院生活に疲弊し始めていた。投薬や酸素吸入のおかげですっかり元気になった豆太は、ベッドの上でじっとしていられないほどに回復していた。柵の隙間からおもちゃを落とし、それをわたしが拾いにいく無限ループ。病院の食事が口に合わないようであまり食べられず、さっき食べたばかりのお菓子がまた食べたいと泣く。お風呂にも入れないので、うんちをしてもベッドの上で拭いて処理をする。遊具がないからわたしの背中に乗り、アスレチックみたいにして楽しそうに飛び跳ねる。豆太が元気になればなるほど、入院生活が過酷に感じられる矛盾が生じ始めていた。

アスレチック遊びがクライマックスを迎えた頃、突然豆太が大きな声で泣き出した。いつもとは違う様子になにかが起きたのだと悟り、よくよく観察してみると、手の点滴の針がずれていることに気が付いた。

すぐに看護師さんを呼び点滴を替えることになったのだが、よく動く幼児の点滴針は簡単に外れないよう、これでもかというほどガッチガチにテープと包帯で固められている。そのため針を外すのさえ一苦労で、さらには豆太が泣き暴れるものだから、看護師さんはかなり苦戦している。やっとの思いで外れたと思ったら、また新たな針を刺さなければならない。わたしはただ、泣き叫ぶ我が子を抱きしめて、押さえることしかできなかった。

暴れないように全身を固定するための器具がある部屋に連行されていく豆太は、この世の終わりのような悲鳴を院内に響き渡らせた。その声がだんだん遠くなるにつれ、わたしの全身の力も抜けていった。

昨夜の夫との電話では

「大丈夫、付き添いは任せて！」

と強気だったわたしが、その夜の電話で

「付き添い、もう無理や……」

と泣きついた。無駄に心配をかけてしまうとわかっているのに。夫に、なにもできなくてごめんと謝らせてしまった。

世の中の親たちは、こんなことを普通にやりとげているのだろうか。幼児の入院がこんなにも大変だなんて、それまで一度も耳にしたことはなかった。

豆太との入院生活は、わたしには苦行としか思えなかった。今ならきっと〈幼児入院の悩み〉というタイトルで長時間トークライブができるかもしれない。もしそれが実現した折には、幼児の医療費は無料だけれど、個別の部屋代や付き添いの食費は保険適応外で、結果かなりの出費になってしまうという愚痴《ぐち》も少しだけ言いたい。

世間知らずのわたしは、やっぱり子育てに向いていないのだ。結局、残りの入院生活も最後まで暗い気持ちのままやり過ごすこととなった。


やっと、ようやっとの思いで迎えた退院の日。シャバの空気がこんなにもうまいなんて！　森なんかに行かなくてもマイナスイオンさえ感じるようだ。

迎えに来てくれた夫の顔を見て、わたしはさらに安堵した。豆太には悪いが、これでワンオペ育児から解放されるという喜びで胸がいっぱいだった。ジャンクフード食べたい。お寿司食べたい。早く帰ってお風呂に入りたい。欲望だらけの妻を持つ奇跡の人は、今からが大忙しである。

それでも、この入院生活を乗り越えたことで、わたしと豆太の間に妙な絆が生まれた。いざという時はお互いの手を無意識に握り合うような、そんな関係性になった。ずっと同じベッドの中で生活していたんだもんな。一緒に何度も苦難を乗り越えたバンドメンバーのようだ。いや、それには到底及ばないけれど、この関係性を誰かに説明するのは難しいという点では同じなのかもしれない。まだ言葉が喋れない豆太のことを理解するのに、わたしにとってはとても貴重な経験になった。

そんな修羅場とも思えた入院生活は、この後半年の間に二回も訪れることになる。そんな恐ろしい未来が待っていることは、シャバの空気に解放感で満たされているわたしも、そして奇跡の人も、豆太自身さえも、今はまだ誰も知らない。

爪

夏になるとわたしが暮らす海町は、県外からの来訪者たちで賑わう。ババババババという地鳴りを高い空へ響かせながら颯爽《さっそう》と走るバイカー。サーフボードを頭に載せた、古くて洒落た外国の車に乗ったネオヒッピー。肩をぐんぐん回しながら、旬のアオリイカ目がけて釣竿を投げる釣り人たち。いわゆる観光地としての魅力は少ないのかもしれないけれど、ふと立ち寄りたくなるような、素朴な美しさがあるのは確かだと思う。

この町では大人も子どももみんな、顔を合わせれば挨拶を交わすのが慣例となっている。県外から訪れた人たちは、面識のない地元の人からの突然の挨拶に戸惑いながらも、照れたように遅れて返してくれる。本当はみんな心のどこかで、見知らぬ初対面の人とも挨拶をしたいと思っているのかもしれない。

来訪者が増えて町の認知度が上がるのは、きっと良いことなのだろう。観光で訪れた人がこの土地に魅了され、それをきっかけに移住者が増える可能性だってある。わたしも数年前、たまたまこの海町を訪れ、長閑《のどか》な土地柄をすっかり気に入って移住してきたひとりだ。人口が増えれば必然的に雇用が生まれ、その結果財政が潤い、どこかの市町村と合併して町の名前を変えなくても済むかもしれない。

けれども、やはり現実は厳しい。とても悲しいことだが、来訪者が多かった週明けの月曜日の海辺は、普段目にしないようなゴミがたくさん落ちている。

海の環境保護のために、この町では毎週ボランティアの人たちが浜辺を掃除しているので、いつもはゴミがほとんど落ちていない。打ち上がった海藻や貝殻、浜昼顔などの海辺特有の植物たちが海風に吹かれているような、とても穏やかな砂浜だ。

　だからこそゴミが余計に目立つ。釣り人が釣りをしていた堤防にはタバコの吸い殻。小さな子どもを連れた家族たちが楽しそうに海遊びをしていた浜辺にはコンビニ弁当の空き箱やペットボトル。そういったゴミたちが、信じられないぐらい堂々と捨ててある。

　それらはおそらく、来訪者たちが残していったものであろう。であろう、と書いたのは、わたし自身の目でゴミが捨てられる瞬間を見ていないからで、完全なる偏見かもしれない。しかしながら、来訪者が少ない季節にはそれらのゴミを目にしないから、どうしても疑ってしまうのだ。

　進み続ける少子高齢化、そして多様性への配慮が求められる時代の波の中で、来訪者や移住者を受け入れやすくするために、みんな頭を悩ませている。多くの地方自治体は、そのための多額の投資もしている。それはきっと正しいことなのだ。ここで暮らし始める前、わたしはそう思っていた。自分の肌で実際に感じてみないとわからないことは、この先も数えきれないほどあるだろう。もうすぐ四十歳になるのに、移住する前には今の自分の気持ちを想像できなかった。わたしの心身は、どうやらこの町の時間という血液に溶け込もうとしているようだ。

もちろん町はずっと元気であってほしい。子どもたちの将来を思えば、町の人口が増えるのはとても良いことで、メリットの方が多いだろう。ただ、昔から住んでいる人たちがこのままでいいと考える理由も痛いほどよくわかった。変化は痛みを伴うというけれど、本当のところ、それは一体誰のためのものなのだろう。

海辺のゴミを当たり前に持ち帰るようになって、このゴミたちをどうにかリサイクルできないものかと考えを巡らせるようになった。

いつものようにゴミを拾いながら海辺を散歩している途中、ふと自分の足の爪が視界に入り、思わずギョッとした。

　昔から髪の毛や爪先は派手な方が落ち着く性分で、髪にいたっては一ヶ月に二回カラーリングするほどだった。自分で硬化できるタイプのネイルを購入し始めてからは、二週間に一度は爪を新調していた。手のネイルはベースを弾く時の爪の強化も兼ねていたけれど、ここ最近は激しく演奏することもないので、ほぼファッションの一環になっていた。

　足のネイルも同じものだ。自分で着けるから二週間も持たず、いつの間にか取れていることもある。砂浜で遊んだ日は一枚ぐらい剥がれていることも少なくない。

　誰かが捨てたゴミのことを嘆き、この町が変わることを恐れているわたしが、爪先にいつ落ちるかもわからないプラスチックのお洒落を身に着けて「ゴミを捨てるな」と言っている。わたしは所詮、うわべだけこの町のことを知った気になっている、薄っぺらい人間なのだ。絶望的なほど未熟な自身の言動に笑えてきた。

〈なにかを変えたければ、まず自分から〉人生の中で何度も引っ張り出されてクタクタになったこの言葉の意味を、いつになったらわたしはちゃんと飲み込めるのだろう。誰かに対して愚痴っている暇なんて、最初からなかったのだ。

わたしはいつも爪を短く整えている。手の爪は、幼い頃にピアノを習っていた影響だ。足の爪も、いつしか手に合わせて整えるようになった。ネイリストにはよく、ネイルしがいのない爪だと笑われた。綺麗《きれい》と表現するにはほど遠い爪だからこそ、余計に派手にしたいと思っていた。

徳島で暮らし始めてから二人の藍師《あいし》と出会った。その爪はいつも藍色に染まっていて、指先に彼らの全てが詰まっている。指先を見ただけで何者であるかが一目でわかる、その爪が羨ましいと思った。

東京で出会い親友になった花屋の爪は黒く染まっている。花が枯れないよう散布された農薬が指先に染み込んで、どうしても爪が黒くなってしまうそうだ。行きつけの美容師の爪も、いつもカラー剤で黒く染まっている。

本人は望んでいないことかもしれないけれど、職人たちの指先にわたしは常々凄みを感じている。

プラスチックのネイルをやめ、久しぶりにすっぴんの爪に戻った。裸の指先でこの文章を打ちながら、職人の爪とまではいかないけれど、わたしの指先もそれなりに歴史を刻んできたのかなあと、繁々と見つめてみる。

派手にすることに囚われて、ちゃんと保湿したりケアすることをすっかり忘れていた傷だらけの爪。独特なベースの弾き方のせいなのか、左手だけすっかり長くなってしまった指先。人より少しだけ分厚い指先の皮。その特徴を言葉にすると、それなりに職人の手のように見えなくもない。

目に見えるもの、見えないもの。光と影のように、そのどちらもこの世界にはどうしようもなく存在するもので、わたしのプライドに似せた単なる見栄は、光の世界への憧れだった。歳をとるにつれ、年々それが剥がされていく。死ぬ頃には魂はすっかり裸になって、本当の自分に出会えるのだろうか。

昼ご飯はなんだろう

突然だが、我が家の朝の日課を紹介したい。

夏は六時半頃、冬は七時頃に起床。外気の影響をもろに受ける古民家の我が家は、たとえカーテンを閉めていても体感温度で朝の到来を感じられるため、アラームなしでも自然と目が覚めてしまう。朝七時まで飲み明かしていた東京での生活がまるで前世のことのようだ。

我が家で一番早起きなのは家族歴二年の新人・豆太だ。起き抜けに「ムササキ！（紫）」と覚えたての単語を連発し、容赦なく人間アラームを発動させる。

朝一番、窓から見えるお隣さんの駐車場に停まっているマツダのワンボックスカーを指差してなぜか「清掃車！」（どういうわけか、これは正しく発音できる）と大声で叫ぶのが日課となっているが、そろそろやめさせなければいけない。

寝室には夫、わたし、豆太の順で寝ているが、枕元には愛猫がどっかりと横たわっているので、川の字ではなく山の字を逆さにしたようになって寝ていることが多い。

夫と猫はいつも枕の取り合いをし、そして毎夜のように夫が負ける。それが悔しくて新しい枕を買い足したのに、予想通りその新しい方を奪われていて可哀想だった。枕いらずのわたしと豆太は、起きてからも布団の上を縦横無尽に転がり回りながら、しばしまどろむ。

起床して数分後「いこう！」という豆太に連れられて一階のリビングへ行くと、その音に気付いた愛犬がお尻ふりふり、襖《ふすま》にガンガンしっぽを当てながら「おはよう」を言いに来る。そのまま夫は豆太のトイレに付き添い、わたしは洗濯機のスイッチを入れてから豆太の朝食の準備を始める。

トイレから帰ってきた豆太に野菜ジュースを渡し、朝の幼児向け番組を観ながらそれを飲んでもらう。その間に夫は犬の散歩に出かける。

わたしは引き続き朝食の準備。豆太の朝食は超絶簡素なので準備は五分もかからない。納豆ご飯にしらすを載せただけの時もあるし、パンとウインナー野菜炒めの日もある。食べ終わったらヨーグルトかバナナを出すのがお決まりのフルコース。

豆太がご飯を食べ終える頃、夫が散歩から帰ってくる。風呂場で犬の足を洗い、犬にご飯を出し、それが終わると豆太のお守りを代わってくれる。その合間に、わたしは保育園の登園準備に取りかかる。

健康カードに今朝の体温を記入し、連絡ノートに体調などを書き入れる。昨夜作っておいた麦茶を水筒に入れ、紙おむつに名前を記入する。お昼寝用のブランケット、スプーンとフォーク、うがい用のコップ、着替え三セット、着替え用のビニール袋、使用済みおむつ用のビニール袋、水遊び用の紙パンツ、フェイスタオルをカバンに入れる。たいていなにかひとつは忘れて、後から夫が保育園に走ることになる。

八時前から歌のお兄さんとお姉さんの番組が始まる。そのあたりで豆太の服を着替えさせ、歯を磨き、顔を拭いて、身体の保湿をする。豆太は肌が弱くアレルギー持ちなので、毎日しっかり保湿している。八時九分に番組が終わるタイミングでテレビを消し、登園に向けて豆太の意識を全集中させる。

保育園の送り迎えは九割ぐらい夫がやってくれる。わたしよりも圧倒的にコミュニケーション能力に長けているため、先生や他の保護者の方々ともすぐ仲良くなってくれるからだ。送迎用に買った中古の電動機付き自転車も、夫が近所の老舗自転車屋さんとの値切り交渉の末、七千円で勝ち取ったものだ。

保育園へ出かける夫と豆太を見送った後、わたしは洗い上がった洗濯物を干し、掃除機で犬と猫と人間の毛を吸い、猫のご飯の準備をする。それらが片付いた頃に夫が保育園から帰宅し、登園時の豆太の様子を報告した後、家の周囲を掃除する。

一段落したところでようやく自分たちの朝ご飯。わたしの朝ご飯は、豆太の残り物と野菜を簡単に調理したものが多い。夫はいつもその時々に食べたいものを手際良く作って食べている。

移住してから旬の野菜や魚を食べることが増えた。簡素な朝食のお皿にも、近所の誰かの畑で採れたキュウリやトマト、道の駅で出始めたトウモロコシが並ぶ。凝った料理でなくても、茹でて塩を振っただけで驚くほど美味しい。ぷちぷちと野菜の水分が口の中で弾けるのがわかる。この世で一番贅沢な調味料は旬、なのかもしれない。

そんな旬野菜で彩られた朝ご飯を食べながら、動画配信サービスのドラマや映画を夫と二人で観る。この時間、よく将来のことを考える。長編シリーズの海外ドラマやアニメは、今はまだ観ないで老後の楽しみにとっておきたい。

二十年後、朝から長編作品を一気見して、疲れたら昼寝をしたいな。でも、時々は朝から釣りにも行きたい。そして、いつの日か二人で訪れたい海外に思いを馳せる。旅行先での一番の楽しみは案外朝ご飯だったりするから、豪華な朝食付きのホテルにしよう。

寝言はさておき、現実の超絶簡素な朝ご飯を食べ終え、きりのいいところでテレビを消し、ここからは午前中の仕事時間。我が家は二人とも個人事業主、いわゆるフリーランスなので、基本的に同じことをする日がない。互いに「今日の仕事はなに？」と確認し、その日のスケジュールをすり合わせて行動する。

わたしは作業部屋でパソコンに向かっていることが多い。提供用の作詞作曲も、自分用の音源も、その他諸々ほとんどがパソコン作業。とはいえ家にいると集中力が続くのは連続二時間が限度。途中でお菓子を食べたり、合間で動画サイトを見ながら作業をしている。

客観的に仕事中のわたしを表現するのなら、ふざけてるという言葉が的確かもしれない。だから、これを仕事と呼んでいいのだろうかと、我ながら不安になることがある。

近所の人から「普段はなにしてるの？」とよく訊かれる。普段と呼べる普段がないから、いつも答えに困ってしまう。でも「こいつ暇人やな」と思われているぐらいがちょうど良い。気軽に家を訪ねてくれたり、手助けを求めてくれたり、そういう付き合いがここ最近嫌いではなくなってきた。これも全てはコミュニケーション能力二〇〇%の夫の影響だと思うけれど、こんなふうに変われたことを自分でも少し嬉しく思う。

バタバタした午前が終わり、町内放送の正午のチャイムが鳴る。それを

昼ご飯はなんだろう

合図に、昼ご飯の準備のため夫がのそのそと台所へと向かっていった。今日の昼ご飯はなんだろう。

豆太　一

どこまでも突き抜けるような秋の空。お出かけ日和のこの日は、午前中に夫婦で豆太の通う保育園に行くことになっていた。夏の初めに受けた幼児対象のテストの結果を直接教えてくれるという。そのテストが一体なにを判断するものなのかもよくわからないまま、とりあえず受けたのがもう三ヶ月も前のことだった。

豆太にまつわる行事は大体夫婦で行くようにしている。犬猫を含めた子どもたちに関する事柄は、どんな些細《ささい》なことでもなるべく報告し合う。別に決めたわけではないのに、いつからか我が家ではそれがごく当たり前のルールになっていた。

なんでもかでもよく話し合う夫婦だが、出会う前の出来事を話したことはほとんどない。きっと二人とも興味があるのは過去よりも現在、そして近い未来のことなのだ。

保育園に着くと、担任のM先生がわざわざ玄関先でわたしたちを出迎えてくれた。テストの結果は、この地域で定期的に巡回している言語聴覚士から説明されるという。M先生が

「あの、わたしも同席していいですか？」

と訊くので、わたしは内心少し驚いた。

「もちろんです」

考えるより先に口から言葉が出ていた。断る理由もなかったけれど、わざわざうちのために時間を割いてもらうのは申し訳ないという気持ちになった。

職員室に隣接した応接室のような部屋に案内される。長方形の机の真ん

中には透明のアクリル板。後から来た言語聴覚士のT先生とわたしたち夫婦は、アクリル板に向かい合うように座った。担任のM先生は、机から少し離れたところに椅子を置いて腰かけた。

「おうちでは普段どんな感じですか？」

T先生から豆太の家での様子を細かく質問される。世間話のような感覚でしばらく喋っていたけれど、ふと時計を見ると結構な時間が経過していた。

「それで、先日のテストの結果がこれなんですが」

ようやくテストの話題になり、わたしはなぜだかホッとした。

テストの結果はグラフで表されていて、主に運動面、認知面、言語面の三つに分かれていた。この時ようやく、このテストが発達検査なるものだと気が付いた。豆太のことなのに、我ながらぼんやりしていると反省。

グラフを見ると、運動面の数値が異常に高い。日頃から近所の砂浜で走り回ったり、小学生用のアスレチックで遊んだりと、身体を動かすのが大好きなので当然といえば当然の結果。それを見て、夫婦二人で指を差してクスクス笑った。

しかしその時、言語聴覚士のT先生も担任の保育士のM先生も、少しも笑ってはいなかった。

その後、なんと言われたのか、正直細かくは覚えていない。後から考えると、だいぶ遠回りをしながら、わたしたちが動揺しないよう優しく結果を伝えてくれたのだと思う。ただ、その遠回りの道中でわたしたち夫婦は迷子になってしまい、終着点がよくわからなくなっていた。

テストの結果からわかったのは、運動能力に比べてその他の能力が低く、やや発達が遅れているということ。どうやらT先生は、より詳しく検査することを勧めているようだった。

「それは（検査に）行った方がいいってことですか？」

わたしは居た堪らなくなり、こうはっきりと訊いてしまった。

その質問に対してもT先生は
「行くという選択肢もある、という感じです」

といった具合に、妙な空気の押し問答になってしまった。結局、どこに検査に行ったらいいという具体的なことはなにも言われず、なんとなくの事実を受け止めたまま説明会は終わってしまった。

釈然としないまま応接室を後にした足取りが重いわたしたちを、M先生は玄関まで見送ってくれた。

帰り際、夫がなんとはなしに
「検査は行かなくてもいい、という感じでしょうか？」

とM先生に尋ねた。刹那《せつな》、その表情が一瞬だけ曇ったのをわたしは見てしまった。

「今後の豆太くんのことを考えると、一度行ってみるのもいいかもしれませんね」

M先生は優しくこう話したけれど、わたしには「豆太くんのために、ぜひ検査に行ってください」と言っているように聞こえた。わたしが知っているM先生の表情の中で一番緊張しているように見えたのだ。普段から豆太の言動をよく見ているM先生の様子から推測すると、あまり楽観はできない事態なのかもしれない。

豆太はいわゆる早生まれだったので、言葉を覚えるのがゆっくりなことも、ご飯をよくこぼすことも、さほど気にならなかった。他の子と遊ぶ姿をあまり見たことがなかったり、親子遠足でも集団から離れて一人で行動する姿も目にしていた。しかし、わたしみたいな親に育てられている子だから、規律優先の社会に適合しにくいのは仕方がないことだし、むしろ自我があっていいじゃないか、ぐらいに思っていた。

しかしわたしも夫も、M先生の言葉が心に引っかかっていた。なにも知らないままでいるよりも、検査に行って事実を確かめた方がいいのかもしれない。どんな答えが待っていようとも、真実を正しく知っておく必要があると思った。

保育園からの帰り道、秋晴れの空の向こうから、灰色の雲がこちらに近づいてくるのが見えた。傘を持っていないけれど、少しなら濡れても大丈夫。そう思えるぐらい、わたしたちはまだ前だけを見て歩いていた。

豆太　二

家から自転車で三分ぐらいの場所にある、海近くの保育園に通い始めてほどなく、豆太が実はお調子者であることが判明した。

運動会では我が子の活躍をカメラに収めんと鼻息荒い保護者たちがずらりと並んでいる目の前を、全カメラに映り込もうとピースしながら横走り（いわゆる欽ちゃん走り）で駆け抜けた。生活発表会では自分の名前を何度も叫び、たっぷり時間をかけて来場者にアピールしながら練り歩いていた。

同級生の親御さんに「さすがですね〜」と言われた時は内心恥ずかしかったけれど、大勢の前でも物怖じしない性格はステージ向きなのかも、と親馬鹿ながらそんなふうに思っていた。

発達検査の結果説明があった翌日、発達障害診断の予約をした。同じ保育園に子どもを通わせている友達から、この地域から通っている子どもが一番多い療育センターを教えてもらい、すぐに電話をかけた。

徳島の自立支援や療育施設の事情が逼迫《ひっぱく》しているのかどうかはわからないが、予約できたのはなんと一ヶ月後。スクールカウンセリングともなると、半年待ちはざらにあるという。その療育センターまでは車で片道五十分。予約の取りづらさも相まって、この時ばかりは「都会にいたらもっと病院を選べたのでは？」という考えが頭をよぎった。

診察日を待つ一ヶ月の間に、近しい友達に豆太について相談することにした。元々療育関係の仕事をしていた人や子どもの発達に詳しい人、毎週末のように集まる家族同然の仲間たち。みんな日常の些細なことから深刻な悩みまで共有できる、頼れる存在だ。なんでも気軽に話せる仲だからこそ、自分の小さな不安を早めに取り除いてほしかったのかもしれない。

「こないだ保育園でこんなことがあったんやけどな」

世間話の最中に豆太の話題を織り交ぜてみる。

この時のわたしはたぶん「そうなんや！　全然そんなふうに見えへんけどな〜」という反応を期待していたのだと思う。いつものように、一緒に笑い飛ばしてほしかった。でも残念ながら、その願いは叶わなかった。

「うん、実は……もしかしたらそうなんかなと思ってた」

その言葉の意味を、すぐには飲み込むことができなかった。そんな反応に対する準備が全くできておらず、頭の中が真っ白になる。わずかに脳内に散らばった言葉を懸命に探しながら、全身に変な汗が滲《にじ》み、自分の心が静かに、激しく震えているのがわかった。

どうやら豆太の行動には、前々からいくつかの特徴があったらしい。発語が遅いこと。ほしいものがある時、それを言葉で伝えるのではなく、手を引っ張ってほしいものがある場所まで連れて行くこと（後にそれがクレーン現象と呼ばれるものだと知る）。数字に対してやたらと関心が高いこと。バイバイをする時の手の向きが反対（自分の方に手のひらが向いている）であること。発達障害の子どもに表れるそれらの特徴が豆太にも見られることを、仲間たちは薄々気付いていた。

「豆太がみんなからそんなふうに見られていたなんて」

夫は仲間たちの豆太に対する正直な心の内にショックを受けていた。わたしの方はというと、周りは認識していたのに、母親である自分がそれらの特性に全く気付いていなかったことがなによりもショックだった。

もしかしたら心配のしすぎで、本当は全て取り越し苦労なのかもしれない。でも、友人たちが言うように、豆太はいわゆる普通の子とは違うのかもしれない。

そもそも普通ってなんやねん。いや、普通を望んだことなんて一度もなかったはず。それなのにみんなと違うと言われると、こうも不安になってしまうものなのか。自分の気持ちさえ一体どれが本心なのかよくわからなくなり、わたしはわたしを信用できなくなってしまった。

友人たちの正直な言葉を初めて聞いた日からしばらくの間、わたしはうまく眠ることができなかった。


ついにやってきた診察の日。わたしたち夫婦は、この一ヶ月の間に心を決めていた。どんな結果になろうとも豆太は今までとなにも変わらないし、わたしたちも変わることはない。今後豆太にとって必要なサポートをしていくだけ。結局は、元々のシンプルな子育てと同じなのだ。

初めて訪れた療育センターは、想像していたよりも広くて新しかった。玄関を入ってすぐのところにだだっ広い空間があり、早速豆太は嬉しそうに走り回っている。

待ち時間はそれほど長くなかった。おかげで豆太も上機嫌のまま診察室に呼ばれ、家族三人で入室した。机の前に腰かけてわたしたちを待っていた先生は、とても穏やかで優しそうなおじいちゃん先生という印象。おじいちゃん先生は、ぽつりぽつりと話し始めた。

最初はおじいちゃん先生からわたしたち夫婦へのヒアリング。豆太がいつ笑うようになったか、いつ歩き出したか、なにに興味があるかなど、細かなことをいくつも質問された。三、四十分に及ぶ質問の間、先生はなぜか自分の机の脚を何度もボールペンでコツコツ鳴らしていた。

ヒアリング中、もちろんじっとしていられない豆太は、診察室のベッドによじ登ったり降りたり、先生にお気に入りのおもちゃを得意げに見せたりしていた。初対面の先生にひとつも物怖じしない豆太を見て、先生はこう尋ねた。

「人見知りはありますか？」

「それが全然ないんですよ。普段から知らない人がいるところによく連れて行くからかもしれないです」

夫婦揃って、なんなら少し自慢げに豆太を持ち上げた。

わたしたちの言葉に、先生は静かに答えた。

「それはね、うん、危機感がないとも言えますね。動物は初めて見るものを警戒するでしょう？」

またこのパターンだ。心の準備が全くできておらず、変な汗が全身に滲む。

我が子の長所だと思っていたところが、先生のまさかの返答に、夫婦揃って言葉を失っていた。なにも返せないでいたわたしたちに優しく目配せをしてから、先生は話を続けた。

「豆太くんがここで走り回っている間、つま先立ちでいること、目線があまり合わないこと、さっきからわたしが鳴らしているボールペンの音に全く反応していないこと。これらは、この子がある特性を持っている事実を裏付けています」

「豆太は発達障害ということでしょうか？」

またわたしは居た堪らなくなり、ここでも直球の質問を先生にぶつけてしまう。

夫が肩に手を乗せ「まだ途中だから、最後まで先生の話を聞こう」という素振りでわたしを落ち着かせようとしている。

先生はゆっくりと続ける。

「そうですね。お母さんの感じている通りだと思います。豆太くんはいわゆる自閉スペクトラム症です」

その言葉の意味を、わたしは知っていた。何度も何度もインターネットや本で調べた。豆太が自閉スペクトラム症だとしても、今までとなにも変わらない。そう決意してここへ来た。それなのに……。

「大丈夫、大丈夫」

自分の心にそう言い聞かせるが、涙が勝手に溢れてくる。この涙は決して流してはいけないものだ。それでも止めることができなかった。わたしがここに勇んで持ってきたものは決意と呼べる代物ではなかった。

さらに話は深刻になっていく。診断の結果如何《いかん》では、現在通っている保育園に通園できなくなる可能性もあるという。役場に申し出て、先生を増やしてもらうか、支援が必要な子どもが通う保育園を探すか、その選択が必要になるというのだ。

年度の途中で先生を増やしてもらうことはとても難しいだろう。そして、支援のある保育園が自宅近くにないことを、わたしたちはすでに知っていた。つい最近、それを理由に近所の友達家族が遠くへ引っ越したばかりだったのだ。

とても大きな難題を背負い、重い足取りで療育センターを後にした。

車のシートに座った瞬間、とめどなく涙が溢れる。いや、泣いている場合ではない。ふやけた視界のままスマホの画面を開く。

〈自閉症　中等度〉

自分の意思とは関係なく、わたしの指が勝手にそう検索していた。そして運悪く、今最も見てはいけないサイトを開いてしまった。

〈中等度の自閉スペクトラム症で、将来的に自立できる子どもはほとんどいません〉

豆太は診察が終わり、ご褒美のキャンディーを嬉しそうに舐めている。

外はもう、真冬の冷たい風が吹いていた。

豆太　三

おばけだ　おばけだ！　ないてるの？
えんえん、えーん　まいごになっちゃった
でぐちがどこだかわからない
まどをあけてあげようね
ばいばい、おばけ　またきてね

豆太が一番好きな絵本のラストシーン。わたしがしんどそうにしているといつも、豆太は絵本を手に駆け寄り、わたしに向かってこの台詞を繰り返す。

正体がよくわからないものを、人は怖がる。その対象は、おばけや新種のウイルスのような未知の存在の場合もあるが、はっきりと目に見える実在するものを怖がる人もいるだろう。人の数だけ怖いものはあるはずだ。

わたしたち夫婦は、豆太の未来が怖かった。この子は一体どうなってしまうのだろう。自立できないということは、わたしたちが死んだらどうやって生きていくのだろう。

不安は瞬く間にわたしの脳内を占領し、視界を灰色にする。なにも考えることができず、車のシートに身体を沈めるしかなかった。

でも、夫は少し違った。療育センターからの帰りの道中に立ち寄ったコンビニの駐車場で夫は、わたしにも会話が聞こえるようスマホをスピーカー通話に切り替えて、豆太の通う保育園に電話をかけ始めた。

「今日、療育センターで診断を受けました。その結果をご報告したいんですけど、ご都合いかがでしょうか？」

自閉症と診断されたからには、今の保育園に通えなくなる可能性がある。それが早急に解決せねばならない問題だということを理解して、すぐに保育園に連絡したのだ。幸い担任のM先生も豆太のことを気にかけていたようで、その日のうちに時間を空けてくれることになった。

夫に「一緒に行く？」と訊かれたが、断ってしまった。わたしがその場にいても、腑抜けて足手纏《まと》いにしかならないだろう。おそらく夫もわたしの雰囲気を察して、それ以上なにも言わなかった。自分がこんなにも脆《もろ》い人間だなんて、信じたくなかった。

豆太とわたしを家に送り届けた後、夫はその足で保育園へ向かった。

一時間ほど経った頃、夫が帰ってきた。

「先生方がとても優しくて、話しているうちに泣いちゃったよ」

泣いたというより号泣に近かったのではないかというほど、瞼《まぶた》が腫れている。夫だって、もちろん平常心ではいられなかっただろうに、一人で行かせてしまったことを猛省した。

園の先生方は熱心に夫の話に耳を傾け、わたしたちが安心できるようにたくさん言葉をかけてくれたそうだ。普段から感じていたことだったが、この保育園の先生方はみんな優しくて朗らかで芯が強い。だからいつも、つい頼りにしてしまう。今回のことで、わたしが抱いていたその印象はひとつも間違っていなかったと確信した。

ひとまずは、引き続き今の保育園に通園させてもらえるらしい。来春以降のことはわからないが、今年度はとりあえず大丈夫だという。ホッとすると同時に、来春から当たり前に通園していた保育園に通えなくなるかもしれないという不安が残った。それでも今後のことをゆっくり考えるだけの猶予はもらえたので、まずは良しとしなければいけない。

考えなければならないことが険しい山となって急に目の前に立ちはだかり、高いところからわたしを見下ろしている。早く調べなければいけない。もっと知らなくてはいけない。豆太のために今後の最善策を練らなければいけない。それをわかっているはずなのに、頭がうまく働かないのだ。

ふと、熱心にパソコンと向き合う夫に目をやると、動画サイトで「自閉症」と検索している。なるほど、その手があったか。

ネット記事などの文字情報で得る自閉症の知識は、どこか不安を煽《あお》るものが多く、次第に検索することを躊躇《ちゅうちょ》するようになっていった。その点、普段から見ている動画サイトは日頃の生活を映し出したものが多く、文字情報より親しみを感じる。その親しみやすさが、想像を現実のものへと変換してくれた。

自閉症だけでなく、障害を持つ人や病気を患う人たちの動画は想像以上にたくさんあった。考えてみれば当たり前の話だ。未知な事柄ほど知りたいし、情報を発信することでそれらを共有し、少しでも不安を払拭したいと思うのは言《げん》を俟《ま》たないことだ。それなのに、わたしはその事実をなにひとつ知らずに生きてきた。

これまで自分の生活が、いかに障害や病気と共に生きる人たちと隔たりがあったかを実感した。わたしが徳島市内で営んでいるイベントスペースOLUYO《オルヨ》の活動で、支援学校の生徒たちともたくさん触れ合ってきたはずなのに。あの子たちが一体なにを求め、喜び、悩んでいるのか、それを真摯《しんし》に受け止めていなかったのだと思う。自分の身に起こって初めて本当の彼ら彼女らと向き合おうとする、浅はかなワタシという人間が心底恥ずかしかった。

自閉症の子を持つ保護者が発信する動画に、わたしは心から勇気づけられた。中でもとりわけ推しているのは「えぬくんちゃんねる」。夫婦共々大ファンで、毎週更新が楽しみでならない。生活する上で大変なこと、その特性から巻き起こる様々なアクシデントも笑いに変えて、明るく暮らす様子が映し出されている。

それが全てではないことはもちろん承知しているが、こんなふうに楽しく過ごせたらいいなと希望を持たせてくれる。そして、こうやって些細な日常を発信してくれることで救われる気持ちがあることを知った。

わたしもいつか、豆太のことを発信する日が来るのだろうか。まだ確かな判断ができないまま、この文章を認《したた》めている。未だ家族にも見せていない。もしかしたら、誰の目にも触れることはないかもしれない。

この文章が、たとえば誰かの背中を押す優しい風になるのなら、それだけで世に出す意味はあるのかもしれない。しかしながらそれと引き換えに、まだ自分の意志表示が明確にできない豆太の未来を傷付ける行為になるかもしれない。

わたしはただ、豆太に残したいのだ。わたしたち夫婦がこの世を去る時までに、豆太に寄り添ってくれるたくさんの味方や希望、そして素の自分でいられる温かな居場所を。

正体不明のおばけは出口を見つけようとしている。このおばけにバイバイ、バイが言えるまで、わたしはものを作り続けるだろう。音楽だって文章だって、なんだっていい。この地球が心地良く循環するために、微力ながらなにかしらに貢献したい。誰かが壁を破ってくれるのを待つよりも、自らの手で扉を作り、その向こう側に旅立ちたい。わたしは未来に残像を残したいのだ。

◎

最後に、身内閲覧用に作った鍵付きのＳＮＳに、豆太の診断後に投稿した文章を紹介したい。あれから豆太も成長し、わたしたち夫婦も経験を重ねてきた。今でも様々な問題に直面し続けているけれど、あの時に感じた気持ちをずっと忘れないために。

診断を受けてから約一週間。やっと徐々に事実を受け止めることができるようになった。最初は朝起きて

「全部夢だったんじゃないか？」
「中等度ではなくて軽度ではないか？」
「もしかしたら誤診なんじゃないか？」
「言うても良くなるんじゃないか？」

などなど、いろんな思考が右往左往していた。でも、そんなふうに想像を巡らせるのはなんの意味もないことだと、ようやく気付けた。

たぶんわたしたち夫婦は、この子の未来を勝手に想像し、そこに自分たちの未来も投影し、理想を思い描いていた。でもそれは正真正銘のエゴで、

豆太は診断される前もされた後も、なにも変わっていない。生まれた時からずっと、宇宙でたった一人の存在なのに。そのことを忘れて、いつの間にか社会性という狭い狭い枠の中に押し込めようとしていた。

普通や一般的という概念を一度リセットし、この子がいらぬストレスを感じない環境を作り、幸せを感じられる心を育てることが、親のやるべきことなんだなと、反省と共にようやく腹を括ることができた。

療育に関しては、やはりプロに任せた方がいいということで、来週から療育センターに通うことにした。

わたしたちはとにかく、豆太が努力してできるようになったことを褒めまくろうと思います（笑）。その方が親も子も嬉しいはず。もうあんなふうに怒らなくていいんだと思うと、わたしも心が楽になった。

今までごめんね。かわいいかわいい豆太。I love you!

ため息

それが始まった時期を、はっきりと覚えている。豆太が〈寝て・起きて・乳を飲み・うんちをする〉を繰り返す乳幼児期から成長し、自分の意志でものを食べたり飲んだり、歩いたりするようになった頃のこと。わたしの身体の奥の方から、沸騰する鍋底からグツグツと湧き出す泡の如《ごと》く、ため息が沸々と込み上げてくるようになった。そしていつの日からか、そのため息は日常的に、頻繁に口から溢れ出るようになってしまった。

子育ては大変。活字にするとあまりにも簡単なその言葉の中身は、ブラックホールぐらい計り知れない、深い闇なのではないだろうかとよく思う。

児童虐待や育児放棄のニュースを見た時の気持ちは、産前と産後で大きく変わった。一番可哀想なのはもちろんなんの罪もない子どもだけれど、同時にその罪を犯してしまうまでの親たちの心の葛藤も無視できなくなった。

わたしは強くてかっこいい母親になる。妊娠中はそう信じてやまなかった。仕事の質も量も一切下げることなくこなす、家事も育児も化粧も妥協しない母親になるのだ。今まで以上に頑張ればきっと大丈夫なはずだ、と。しかし理想と現実のギャップは、わたしの目の前に気配もなく突如として現れた。

酸欠で倒れるのではないかと思うほど、毎日が息苦しかった。ため息という呼吸法でパクパクとその苦しさを表現するのがやっと。夜な夜なスマホで〈二歳児　子育て　やり方〉と検索する画面に照らされた、切羽詰まった青白いその顔は、無念の死を遂げた落武者の地縛霊よりも強い邪気を発していたことだろう。わたしは未知のブラックホールに立ち向かっていくような革命家にはなれなかった。

　今の状態が本物のわたしのはずがない。なにもできない、弱い自分を認めたくなかった。もしかするとわたしと同じように、日々育児に思い悩んでいる人も少なくないのではなかろうか。そんな考えが頭をよぎる一方で、毎日のように後ろ向きな言葉たちがグルグルと脳内を駆け巡る。

「他の親たちはもっとちゃんとしているはず」

「何人もの子どもを立派に育てている人がいるのに、わたしは……」

　こんな言霊があちらこちらにウヨウヨと浮遊していて、そいつらがブラックホールの淵に立つわたしの背中をポンと押して、巨大な暗闇の穴に突き落とそうとするのだ。


　ため息は煙草の副流煙のように、周りに悪い気を伝染させる。ため息をひとつついただけで、一瞬のうちに重たい空気が部屋中を埋め尽くし、時の流れを止めてしまう。

　わたしもそれを幼い頃に何度か経験したことがあった。無意識のまま発せられる大人のため息は、子どもを困惑させ、怯《おび》えさせる。

　そこまでわかっているのに、どうしてもため息を止めることができない。いっそのこと喫煙者になるべきだろうか。副流煙とともに、薄汚れた陰湿なものを身体から排出してくれるのではないだろうか。そもそも煙草は、ため息を隠すための道具なのではないだろうか。そんな馬鹿げたことを考えてしまうほど、わたしはいよいよ追い詰められていた。

　ため息のことを完全なる悪者のように書いてしまったが、彼（か彼女かはわからないけれど）の名誉のために言っておくと、決して悪いことばかりではないらしい。ため息を我慢するくらいなら思いきり吐き出してしまった方がストレスは軽減されると、ずっと以前にどこかの記事で読んだことがある。

ため息は、言うべきにもあらずという意思を可視化してくれる存在でもある。たとえば、子どもが派手におもちゃを散乱させて遊んでいる時に
「おいおい、もうそれ以上散らかすのはやめてくれよ」
と苛立ちの気持ちを含んだため息を漏らすと、夫がわたしの心情を汲み取り
「そろそろ片付けよっか」
と豆太を促してくれる。
そして、今日はだるくてなにもやる気が出ないなという日に、憂鬱な気持ちを含んだため息を漏らすと、わたしをそっとしておこうと、家族はほどよい距離感を保って接してくれる。
もちろん夫婦喧嘩の火種になることもしばしばだ。言葉にできない（もしくは言葉にしたくない）からため息が出たのに
「今のため息、なに？」

と突っかかってしまったらもう終わり。ハリネズミのように全身をトゲで覆い、完全武装して近寄ることさえできなくなる。その結果、仲直りに漕ぎ着くまでに多大な労力と時間を要することになってしまうのだ。

客観的に見るとやっぱりいいところ少ないな、ため息さんよ。


強くてかっこいい母親になれると確信していたわたしも、さすがに駄目な自分を認めざるを得なくなってきた。

朝からずっとため息が続いてしまったある日のこと、夫に自分の気持ちを正直に打ち明けた。

「どうしても豆太に対してイライラしてしまうことがあるんよ」

すると間髪入れず夫から、なんとも合理的で単純明快な答えが返ってきた。

「俺だってイライラすることもあるし、それは当たり前じゃない？　どっちかが冷静になって豆太を見られたら、それでいいんじゃないかな」

同じ環境で暮らしていても、脳みそが違うと全く異なる景色が見えるのだなと、わたしは心底夫の考え方に感心した。自身の弱さと正面から向き合い、できない自分をきちんと認めれば、深い深いブラックホールに落ちずに済むかもしれない。

わたしのため息はまだ沸騰を続けているけれど、泡の大きさは小さくなってきたように思う。わたしのため息の副流煙を家族に吸わせないためにも、そしてわたし自身のためにも、できるだけ早くため息を卒業しなければいけない。理想のスーパーお母ちゃんを目指すのはやめて、まずは脱ため息お母ちゃんになろう。

ため息が出そうな時は、一度立ち止まり深呼吸する余裕を持ちたい。こんな駄目なわたしを認めてくれる周りの人たちに感謝できる人になりたい。そしていつの日か、ブラックホールの淵に立つ誰かを見つけた時には、暗闇に落ちないようその手を優しく握ってあげられる人になりたい。

ようやくそんなふうに思えるようになった、まさにたった今、我が家の犬がスヤスヤと眠りながら、思いっきり大きなため息をついた。

「一体どんな夢を見たらそんなデカいため息が出るんだよ」

あまりにも大きなため息を漏らす愛犬を心配しながらも、心の中でこう突っ込んだ。残念ながらため息にとって、我が家はまだ居心地がいい場所のようだ。

ため息さん、あなたは今もリビングにどっかりと座っているけれど、それでも少しずつ、家にいない時間も増えてきたね。そのうちあなたの部屋を作ろうと思っているよ。そうして、互いのため息が届かないくらいのいい距離感で、ずっと暮らしていけたらいいな。

伝説

二〇一一年、チャットモンチーはボーカルのえっちゃんとわたしの二人体制になった。その頃から、こんなふうに言われることが増えた。

「チャットモンチーはわたしの青春でした」

「昔よくコピーしてました」

「学生の時にめちゃくちゃ聴いてました」

たくさんの生の声をもらい、音楽が持つ計り知れない力を思い知った。行ったこともない場所の会ったこともない人にまで届いていて、わたしたちの音楽を聴いた人の人生に少なからず関わり、みんなの思い出の一部になっているのだ。

しかもそれは日本にとどまらず海外にも届いていて、世界各国の言語でSNSにコメントをもらうようにもなった。うまく返信できないのがもどかしかったが、どうにか読める英語の書き込みには、つたない言葉ながらできる限りのお礼を伝えた。

インターネットの普及により、音楽データは飛行機に乗らなくても容易く海を飛び越える時代。ライブ動画もミュージックビデオも、スマホさえあればどんな場所にいたって観られる。そこには古いものも新しいものも、関連動画として同じように色褪せずに並んでいる。

「わたしの青春でした」

その声をもらうたび、わたしたちはもうすでに、この人たちの中では生きていないのだと実感した。それはもう笑い話になるくらい、たくさんの人から知らされた〈過去の出来事〉だった。

伝説のバンド。そう言われ始めたのもちょうどこの頃からだったと思う。伝説とは後世に言い伝えられるものだ。わたしたちは二人体制で活動している間に、もはや言い伝えられるなにかしらを成し遂げたバンドだったということになる。二〇一八年に完結を迎える頃のインタビューでは「生きながらにして伝説のバンドです」という自虐ギャグがすっかり定番ネタになっていた。

ドラムのクミコンが脱退し、二人体制でバンドを続けることが決まった頃、デビュー当初からお世話になっていた人に、わたしがベースからドラムに転向することを電話で伝えた。心のどこかで後押ししてくれることを期待していたが、開口一番、彼の口から放たれたのは予想外の辛辣《しんらつ》な言葉だった。

「そんな恥ずかしいことは絶対にやめてくれ。チャットモンチーはもう終わったね」

今でも鼓膜の奥にこびりついている強烈なその言葉は、わたしが新しいチャットモンチーへ向かうための莫大な燃料になった。

バンドは楽曲を育て続ける責任がある。いつの頃からか、わたしは勝手にそう信じ込んでいた。発表当初の雰囲気で、音源をそのまま再現するのでは意味がない。その都度、最新で最大の表現力を持つ楽曲に育て、その中から厳選した曲たちをライブで演奏する。そうやってステージに立つことが当然だと思っていたし、音楽家として最低限やるべきことだと疑わなかった。

そんな進化を望まなければ、もしかしたらチャットモンチーは今も続いていたのかもしれない。それでも、そうせざるを得ないサガのようなものが、チャットモンチーという生き物の中に、明らかに存在していた。

なにかを失い、誰かに否定され、道が閉ざされても、二人でバンドを続ける、という約束だけがわたしを未来へと導いていた。心も身体もボロボロなのに、目だけがギラついている。音楽家の友人、野田洋次郎も当時のわたしたちの演奏について正鵠《せいこく》を射たことをブログに記していたように、他の人から見たら今すぐにでも止めたくなるような剣呑《けんのん》な状態だったのかもしれない。

精神力だけであの場所に立っていた。それがどういうことなのか、未だにその時の心情を表現する言葉は見つかっていない。

自分たちがこれだと思う、真っ白で真っ赤な音楽をやっていける場所へ。新しいことを発見する旅へ。

それ以上でも以下でもない気持ちで。

けれどもそれは、想像を超えるほどそれ以上で、それ以下でもあった。

ドラムのクミコン脱退後からの短期間にいろんなことがありすぎて、その頃の記憶は曖昧《あいまい》だ。正直、当時のライブ映像は今でも直視できない。持てる全てのものを燃料に変え、狂気としか言いようがないほど強い眼光を放ち、口から出る火の粉を客席に吐き散らしていく、二匹の獣《けもの》。

この獣が美しいと見えるか、醜《みにく》いと見えるか。乱暴にも、その全てを丸ごと観る人に委ねていた。その時離れていったファンが少なくないことは知っている。それでもあの時は、チャットモンチーの真の姿を見せるよりほかの選択肢はなかったと思う。

つい先日、自分からは検索することのないチャットモンチーの映像が動画サイトの関連動画で流れてきて、何も考えずにぼんやりと眺めていた。まるで他人を見ているようにも感じるし、記憶を飛び越えて感情のカタチだけが思い出されたりする。皮膚だけが覚えているような、とても不思議な感覚だ。

あの頃のわたしは、毎日無双と虚無をジェットコースターのように駆け抜けて、最終的になにも生えてこないぐらい、しっかりこんがり燃え尽きていた。

えっちゃんは、彼女の存在こそが伝説と言えるぐらい、とにかく面白い人だ。本が二、三冊は書けるほどたくさんの伝説的エピソードがある。それなのに「わたしが一番普通」と言い切る彼女こそが、本物の伝説だと思う。

彼女を高校生の時から憧れて追いかけていたわたしからすると、えっちゃんは伝説だと言われたら、当然だと納得する。けれど、それに自分が関与していたとなると、やはり不思議な気分になるのだ。

高校生の頃、初めてチャットモンチーを見た日の衝撃は今でも忘れられない。まさか自分がそのバンドに加入するとは夢にも思っていなかった。えっちゃんと一緒に演奏できることになったものの、ドラマーが脱退してしまい新メンバー探しの日々。大苦戦の末、やっと出会ったクミコンという奇才のドラマー。デビューの意味もわからぬままメジャーデビュー。クミコンの脱退。楽器をベースからドラムに替え、二人組としての新体制始動。サポートメンバー、コラボアーティストとの出会いで広がる世界。それでも再び二人に戻り、一から自分たちの音楽を再構築。全てをやり尽くして完結。

このわずか九行の間に、無数の選択をしてきた。

選び続けた先のゴールに完結が待っていた。完結を発表し、二〇一八年七月四日に最後のワンマンライブを思い出の地・日本武道館で開催することが決まった。

ずっとライブを観続けてくれたファンに加え、かつて聴いていた人たち、バンド仲間、家族、友達が会場に足を運んでくれた。

三六〇度を客席が取り囲むステージの真ん中で、わたしは体験したことのない感情の海を漂流していた。今までごく当たり前に、次の、ライブ、に向かう前提があって、バンドが続く約束があって、その中で活動が成り立っていたのだ。この先、愛しい曲たちをどこへ向かって飛ばしてやればいいのだろう。終わりに向かうための演奏の最中、みんなに見守られながらようやっと、それまでの時間が紛れもない奇跡だったことに気が付いた。その日のその瞬間になるまで、わたしは本当にそれをわからないでいた。

最後のワンマンライブということで、今までやりたかったこと、最後の最後までリアレンジしたものを全て詰め込んだ。脳内が高速回転しすぎて、その場の記憶も追いつかないほどだった。

気が付くともうアンコール。

「解散ライブで泣く意味がわからない」

これは尊敬するバンドの大先輩からいただいた名言。その考えにしっかりと歯向かう後輩になったのは、まさにアンコールの直前だった。客席からの割れるような拍手と優しい声援に、先輩の名言ダム、は脆くも決壊した。

二人して全編ほとんど泣きながら演奏したアンコール。温かな拍手と眼差しに見送られながら、わたしたちはステージを後にした。

ここまではライブを観てくれた人は既知の光景だと思う。実はこの後に少しだけ続きがある。

最後に光の扉の中に入っていったわたしたちは、スタッフも誰もいない暗闇の中で二人きりになる時間が数秒間だけあった。その時、わたしたちはごく自然に抱き合っていた。

「あっこちゃん、ありがとう」

その瞬間に、チャットモンチーは完全に完結した。

最後のその時まで、わたしは心のどこかで拭えない罪悪感を抱いていた。今までしてきた無数の選択の中で、ひとつでも間違えていなければ完結しなかったのではないか。チャットモンチーらしさというものに一番固執し、激しく燃焼させて命を短くしてしまったのは、わたしだったのではないか。一番身近なファンだったからこそ、それを盾にバンドを追い詰めてしまったのではないか。

ずっとずっと頭の片隅にあったその苦しみを、えっちゃんはありがとうの一言でひと粒残らず浄化してくれた。心の奥深くに残っていた最後のシミを綺麗に洗い流してくれた。

ああ、そうか。全部許されたんだな。わたしからも、本当にありがとう。ありがとう以外になにもないよ。これでもうなにひとつ思い残すことなく成仏できる。

そうして生きる伝説は、まごうことなき伝説になった。その肉体を残すことなく、魂だけを置いて。

完結して数年経つ今も、チャットモンチーが聴かれたり、カバーされたり、語られたり、愛されたりすることを、本当に本当に誇らしいと思う。人生であれほど熱くなれることは、もう一生ないんじゃないかな。

だからこそ、今見ている景色が、生きている時間の全てが、途方もなく愛おしい。残された魂に敬意を払いながら、今を生きていける。そんな美しい未来にわたしを導いてくれた。

彼女たちは、わたしにとっての伝説であり、そして永遠になったのだ。

なにもない町

幼い頃からアニメや漫画を心の栄養にしてきた。

「美しいから美しいのではない。醜いから醜いのではない」

ここ数日、この言葉が頭の中をぐるぐると駆け巡っている。アニメ『メイドインアビス　烈日の黄金郷』で、作中の登場人物・ベラフが放った言葉だ。

音楽でメシを食っていくと決意した十九歳の頃、とにかく毎日が忙しかった。自分が良いと信じる音楽を作り、表現力を高めるためにとにかく練習し、ライブ出演のノルマを払うためバイトを掛け持ちした。

今まで以上にいろんな音楽を聴かなきゃ駄目だと思い、ツタヤでレンタル半額の時は毎度三十枚以上の様々なジャンルのアルバムを借りた。大学の軽音楽部の練習室に入り浸り、合宿と称して深夜まで曲作りをした。なんでも中途半端に足を突っ込んでは辞めてしまう、長続きしない性格のわたしが、唯一バンドだけは全身全霊を捧げたという自負がある。あまりの熱心さに両親も「音楽を仕事にするなんて」という小言を次第に言わなくなっていった。

デビューのきっかけを掴んだのは、わたしが加入してから三年ほど経った頃。封筒をど派手に装飾したデモテープを全国の音楽レーベルや事務所に送り、唯一返事が返ってきたのが後にデビューすることになるソニー・ミュージックの新人開発部だった。

その頃はまだ学生だったチャットモンチーの演奏を観るために、東京からたくさんのオトナが徳島にやってきた。どう見ても業界人にしか見えないオーラを放つ群集が、演奏に乗るでもなく、睨《にら》むでもなく、ただ腕組みして岩みたいに固まったままライブを凝視する異様な光景。お客さんや対バン相手は、彼らの存在にさぞ戸惑ったのではないだろうか。徳島に舞い降りた業界人のオーラは、宇宙人のごとく異質極まるものだった。

当時のわたしたちの演奏はオトナたちに評価されたようで、無事レコード会社と所属事務所が決まり、デビューに向けて着々と準備が進んでいった。その一方で、わたしたちの中にずっとある疑念が付き纏っていた。

「これは壮大なドッキリかもしれない」

全てが夢心地で、だからこそ現実に起きていることが嘘っぽくも感じた。チャットモンチーのメジャーデビューが公式発表されるまで、ごく親しい人以外、誰にもその事実を伝えることができなかった。

ある日、デビュー後わたしたちのマネージャーになるという人から「これからのことをご家族にきちんと説明したい」と言われた。これは、いよいよドッキリのネタバラシかもしれない。

徳島の老舗ホテルのラウンジのカフェに呼び出された橋本家（えっちゃんち）と福岡家。ちなみに、愛媛に暮らす高橋家（クミコンち）への説明は別日に行われた。

挨拶が終わると、未来のマネージャーはデビュー前後の動きや契約形態について、淡々と説明を始めた。

「あぁ、本当にデビューできるのか……」

わたしが喜びを噛み締めていたところ、ひとしきり説明を終えたマネージャーが両家の親にこう問いかけた。

「こちらからの説明は以上になりますが、何か質問はありますか？」

すると、えっちゃんのお父さんがすかさず
「レッスン料とか、デビューまでにお金が必要とかあるんですかね？」

と真剣な顔で尋ねた。ニュースなどでたまに耳にする、デビューさせてやる詐欺を心配していたのだろう。娘を思う父親として当然の質問だ。

それにひきかえ我が父は
「あー、なんでも好きに使ってやってくださいね」

とだけ言い放ち、すっかり結露で濡れたアイスコーヒーを一気に飲み干した。

デビューできるにしろ、ドッキリにしろ、そわそわしていた自分が馬鹿みたいに思えたが、父のその適当さのおかげでカチカチになっていた肩の力がふっと抜けた。

デビューするにあたり、徳島在住のまま活動することもできたと思う。でもわたしの中にその選択肢は微塵もなかった。

「徳島にはなにもない。ここにいてもバンドの未来はない」

バンドにのめり込めばのめり込むほど、徳島での活動の難しさや情報の少なさに苛立っていた。徳島に対する冷たい態度とは裏腹に、東京にはきっとなんでもある、東京に行けばもっと多くの人にチャットモンチーを聴いてもらえるという、なんの根拠もない確信を持っていた。その気持ちだけを胸に、迷わず上京することを選んだのだった。

上京初日、チャットモンチーを見つけてくれた新人開発部のSさんと、渋谷駅のハチ公前で待ち合わせをした。ハチ公を一度も見たことがないわたしたちのために、東京らしい名所を提案してくれたのだと思う。そうでなければ、あの尋常ではない数の人で溢れ返るハチ公前を待ち合わせ場所に選ぶわけがない。上京してしばらく経ってから、ようやくそれに気付いた。

慣れない電車の乗り換えもクリアし、無事渋谷駅に到着。電車から降りるとすぐ、出口への階段を見つけた。

「なんや、全然簡単やん！」

意気揚々と外に出てみたが、ハチ公がいない。ドラマで見たハチ公は改札口のすぐ近くにいたはず。しかし、どういうわけかハチ公が一匹も見当たらないのだ。

　というか、ここは一体どこなんだ？　想像していた渋谷駅前の風景じゃない。少し冷静になって辺りを見回すと、出口がいくつもあるではないか。同じ渋谷駅なのに、出る場所が違うだけでまるで別の街にいるようだ。結局ハチ公を見つけるまで一時間もかかってしまい、ようやっとSさんと会えた頃には三人ともヘトヘトになっていた。

　デビュー音源はミニアルバムを出すことが決まった。そのためのレコーディング期間、東京の長期滞在型ホテルでしばらく生活したことがある。ホテルに寝泊まりし、週に一度徳島に戻り大学に通っていた。

　高いビルの上から東京の街を見下ろす。徳島ではお目にかかれない、黒光りするオフィスビルが建ち並んでいる。一番下の玄関らしきところから、スーツ姿のサラリーマンが忙しそうに出入りしている。全員が同じ格好をしていて見分けがつかず、まるで働き蜂のようだなと思いながら、その様子を眺めていた。東京は徳島の倍以上の速さで時間が流れているようだった。

レコーディングの最中、ディレクターの菊池さん（デビュー時から完結まで添い遂げてくれた、通称きくりん）がこんな助言をくれた。

「東京に来て感じたことがあれば、歌詞にした方がいいよ。きっと今しか書けないから」

オフィスビルが蜂の巣に見えたことを書くのは、もういろんな人が思い付いたことのある表現ではないだろうか。そんな懸念を抱きつつも、気持ちの赴くまま綴った歌詞は後に「東京ハチミツオーケストラ」という曲になり、初めてのフルアルバム『耳鳴り』の一曲目に収録されることとなった。

それから約十五年、わたしは蜂の巣の中で暮らした。柔らかな幼虫は、やがて成虫になり、蜂の巣を自由に行き来した。早い時間の流れにも慣れ、疾風《はやて》に乗ってもっと遠くまで飛んで行きたいとさえ思った。

働き蜂と呼ぶにはあまりにも自由すぎる生き方だったかもしれないが、その巣の中で安心と自由を手に入れていた。甘い甘い夢の続きを、この中にいれば永遠に見続けられるような気さえしていた。しかし、それこそが甘い甘い夢だったのかもしれない。

未知の感染症の流行と初めての出産を同時に経験し、とうとうその巣を離れる時がやって来た。

「ここにはなにもない」

そう言い放ち、一度も振り返りもせずに出ていったあの場所に、わたしは帰ってきた。

それから早くも三年の時が流れた。巨大な蜂の巣での生活がまるで嘘だったかのように、徳島の時間はゆっくりと流れている。あの甘い夢の香りは、いつの間にか望郷の彼方に消えていった。

徳島でいろんな人に出会った。もちろん個性は千差万別あるけれど、共通しているのはみんなパワフルなことだ。この土地では、たとえ新しく面白いことを思い付いたとしても、決まって「前例がないと駄目だ」と言われてしまう。故に自身の力で小規模から始めて、それを形にして周囲の人たちに理解してもらわなければいけない。みんな前例作りに悪戦苦闘しつつも、どこか楽しそうなのだ。

徳島には元気な場所がたくさんある。エネルギーのある人に吸い寄せられて、次第に人々が集まるようになる。そうして同じ志《こころざし》を持つ仲間たちがコミュニティーを作る。

都会と大きく異なるのは、そこに生活が密接しているところではないだろうか。インフラを整えることばかりに目が行きがちだけれど、それが充実しただけでは町に人は集まらない。お膳立てされたものではなく、自らの意志で行動することへの価値をみんなが求めている。

人が土地を作り、土地が人を作る。奪い合うのではなく、与え合い、そして互いを尊重しながら。そうして長い時間をかけて、その土地に本当の暮らしが少しずつ根付いていくのだと思う。

冒頭で紹介した言葉の後、ベラフはこう続けている。

「美しさとは眼だ。いいか？　即物的な眼ではない。『眼差し』ととらえよ」

そうか、そうだったんだ。徳島のことをなにも見ようとしていなかったあの頃のわたしの冷めた眼差しが、徳島をなにもない町にしてしまったのだ。わたしからなにも奪わずに、文句ひとつ言わず育ててくれた、こんなにも豊かな土地のことを。本当になにもなかったのは、なにも見ようとしないわたしの方だった。

ようやく剥き出しの自分に出会い、その姿を素直に認めながら道を歩き始めた。だからわたしはこの徳島で、自分自身のために音楽を作っていける。この土地で音を鳴らし、人と交わって共鳴し、その共振を持ってまた旅に出る。わたしのふるさとの音を、たくさんの場所で奏でたいと心から思う。誰かを救いたいというような、崇高な志ではない。わたしの人生を聴いてほしいだけ。そうやって、ただみんなと繋がっていたいだけなんだ。

　眼差しが、いつでも誰でも求める場所に連れていってくれる。なにもない町は、もうどこにもない。今日も海には太陽の道が続いている。ここを発つ人も、ここに帰る人も、光は平等に照らしているのだ。

福岡 晃子（ふくおか・あきこ）

1983年徳島県生まれ。音楽家。イベントスペース「OLUYO」主宰。2002年よりロックバンド「チャットモンチー」のメンバーとして活動。2018年チャットモンチーを完結させ、2020年徳島県に移住。チャットモンチー完結後、ソロアーティストやバンドのプロデュース、作詞作曲を数多く手がける。2023年ソロアーティスト「accobin」として自身初となるソロアルバム『AMIYAMUMA』を発表。

掲載作品は全て本書『おかえり』のための書き下ろし原稿です。

＊引用元（140頁）
「おばけだ　おばけだ」 やまだみつこ／作・絵
『キンダーブックじゅにあ』2022年7月号（フレーベル館）

おかえり

2024年4月16日　初版第1刷

著者　福岡晃子
発行者　藤原康二
発行所　mille books（ミルブックス）
〒166-0016　東京都杉並区成田西1-21-37 ＃ 201
電話・ファックス　03-3311-3503
発売　株式会社サンクチュアリ・パブリッシング
（サンクチュアリ出版）
〒113-0023　東京都文京区向丘2-14-9
電話 03-5834-2507　ファックス 03-5834-2508
印刷・製本　シナノ書籍印刷株式会社

ISBN978-4-910215-17-4 C0095